ヒロスケ長崎 山あるき
ビギナーからベテランまで楽しめる山の魅力

監修:山口広助　長崎フレンズ山の会 編

1

はじめに

　私はどうしても不思議でならない！　長崎市内の山がつまらないとでも思っているのでしょうか？　長崎の山好きの皆さんは阿蘇や九重、英彦山に耶馬渓など九州山地を目指す人が多いと聞きます。長崎県内でも雲仙や多良岳といった1000メートル級の山々を目指す人も多いと聞きます。確かに山の規模や奥深さ、さらには標高といった点では負けてしまうかもしれません。

　しかし長崎市内の山には"山の面白さ"といえば肩を並べられる、いや、勝っているといっても過言ではありません。

　長崎市街地をグルっと取り囲む、今から2万年とも200万年ともいわれる長崎火山が作り出した見事なカルデラは山好きの心を揺さぶる様々な表情を持っています。七高山で有名な金比羅山や彦山のほか、三ツ山や岩屋山は地域のシンボルであり、「山登り＋信仰＋景色」と三拍子そろった山がすぐそこにあるのです。さらにさらに市街地から放射状に広がる山々もまた魅力的。長崎半島に連なる八郎岳、熊が峰、戸町岳などは山の縦走コース。まさにジェットコースターに乗った感覚が味わえ、脇岬へは歴史街道の御崎道の学びもあります。北に連なる西彼杵半島へは九州自然歩道が走り体力の続く限り歩き続けられるコースがあり、日見トンネル横から始まる三ツ山四つ峠道を進むと往時の物流路として栄えた古道に出会い、三ツ山から先は「滝の観音」や遠く大村湾にたどり着きます。

　つまり、長崎市内の山には初心者やファミリーが楽しむ山、経験者がちょっとチャレンジしたい山、本格的なロッククライミングや沢登り、体力勝負でチャレンジする玄人向けの山。どんなジャンルも受け入れ可能。最大の利点はレクレーションコースが作りやすい点です。山登りの後に温泉に入ったり、そうめん流しができたり、海水浴ができたりいろんなコースがここにはあります。

　残念ながら今までこうやって楽しめる長崎の山のガイドブックがなかった。知られてなかった。だからこそほとんど手つかずのコースが多い。この本を手に長崎市街地周辺の山を楽しんでいただきたい。一つだけ注意点！　手つかずの山ということは標識の少なさや踏み跡のなさです。だから知らないコースへチャレンジする際は決して一人登山単独行動は細心の注意が必要です。今はスマートフォンのいろんなアプリケーションが開発され安全が提供されています。利用できるものを最大限に使用して楽しい山歩きを始めてください。

　最後に、私たちは山を征服するのではなく山に入らせてもらう、歩かせてもらうという気持ちを大切にしてほしいものです。それに"ケガと弁当は自分持ち"他人に不安を与えないよう安心安全な山歩きに努めましょう

山口広助

CONTENTS

4

・この本は、コース提案と実測は「長崎フレンズ山の会」が行い、名所のサイド解説は山口広助さんが行っています。
・各コースでオリジナルの難易度を★★★で表しています。（一般的な山の難易度より厳しめ）

   ★☆☆☆☆…初心者向け：初めての方や家族連れでも歩きやすいコース。
   ★★☆☆☆…一般向き：比較的整備された道、迷い道に注意。
   ★★★☆☆…中級者向き：急な登降もあり。この級以上は道慣れた人と同行すべし。
   ★★★★☆…健脚中級者向き：かなりハードで長時間のコース。
   ★★★★★…健脚上級者向き：経験と体力を要するコース。

特に★3つ以上の中級・上級向けコースは、目印が少なく迷いやすいので、道慣れた方と同行してください。初めての方だけでのチャレンジはお止めください。
・山あるきの際は、地形図とコンパスは必ず携行してください。
・スタート地点までのアクセスの手段は公共交通機関を基本にご案内していますが、地域によってはバスの減便や廃止もあるので、必ず事前の確認を各自で行ってください。
・指定駐車場以外での山中での駐車は、各自自己責任でご判断ください。

五ケ原岳 帆場岳 金比羅山 矢上普賢岳 峰火山 平成新山 彦山 愛宕山

岩屋山

稲佐山から
見渡した山並み

今回ご紹介する山々はこちら

三景台　唐八景　星取山　戸町岳　熊ヶ峰　八郎岳　佐敷岳　寺岳　城山　権現山

鍋冠山　天門峰　立神山

　　長崎のシンボルともいえる「稲佐山」からぐるり360度を見渡すと、東西南北に山々の頂が連なっています。長崎の地形はよく"すり鉢"に例えられますが、そのすり鉢の縁の位置と角度を変えることで、いつもと違う長崎が見えてきます。
　　さあ、今度のお休みには長崎の山に登って、新しい長崎を発見してみましょう！

長崎ラッキーグループ

［本社］〒852-8134 長崎県長崎市大橋町25-6　　TEL 095-846-2161（代表）

ラッキー自動車株式会社
〒852-8134 長崎県長崎市大橋町25-6

ラッキーバス株式会社
長崎県西彼杵郡長与町高田郷2983-1

福祉サービス推進事業部
〒852-8134 長崎県長崎市大橋町25-6

株式会社ラッキーモーターサービス
長崎県西彼杵郡長与町高田郷2983-1

株式会社ラッキーネットワークサービス
〒851-0115 長崎県長崎市かき道1丁目31-5

長崎ラッキーボウル
〒852-8134 長崎県長崎市大橋町25-6

P14
岩屋山

P66
帆場岳

P44
矢上普賢岳

P22
稲佐山・立神山

P32
七高山めぐり

P38
唐八景・鍋冠山

P72
みさき道

P54
八郎岳

9

全体地図

トラノオスズカケ
矢上普賢岳（9月）

キンラン
峰火山（5月）

ヤブコウジ
岩屋山（11月）

アキグミ
津屋岳（花は10～11月）

長崎市近郊で見られる
山の植物図鑑

コシオガマ
稲佐山（9月）

ヌマダイコン
岩屋山（9月）

シマカンギク
唐八景（11月）

スミレ
帆場岳（4月）

ムヨウラン
岩屋山（7月）

キカラスウリ
矢上普賢岳（8月）

フウトウカズラ
稲佐山（？月）

ダンギク
稲佐山（9月～10月）

ウスキキヌガサダケ
岩屋山（9月）

サイヨウシャジン
岩屋山（9月）

カンザクラ（正月桜）
西山神社（1月）

イチヤクソウ
岩屋山（6月）

ヤマツツジ
唐八景（6月）

ウツボグサ
稲佐山（7月）

サネカズラ
岩屋山（11月）

アキノタムラソウ
飯盛山（8月）

ツクシ
網場不動山（3月）

アケビ
琴ノ尾岳（5月）

キイレツチトリモチ
岩屋山（11~12月）

キエビネ
峰火山（4月）

ボタンヅル
帆場岳（9月）

コキンバイザサ
岩屋山（4月）

ハマボウ
諫早市（7～8月）

トベラ
帆場岳（6月）

ノカンゾウ
岩屋山（9月）

モミジイチゴ
十郎岳（4月）

ヒメキンミズヒキ
峰火山（8月）

オトコエシ
帆場岳（8月）

フジカンゾウ
諫早市富川（8月）

ヒオウギ
網場金比羅山 （7月）

ノイバラ
峰火山（5月）

ハナミョウガ
峰火山（6月）

オドリコソウ
岩屋山（5月）

キッコウハグマ
岩屋山（9～10月）

ツルリンドウ
岩屋山（11月）

ギンラン
稲佐山（5月）

フデリンドウ
帆場岳（4月）

チャ
中尾峠（10月）

ワルナスビ
鉢巻山（稲佐山）（6月）

ハクサンボク
帆場岳（4月）

ツチグリ （きのこ）
行仙岳（夏～秋）

オニユリ
岩屋山（8月）

アキノキリンソウ
稲佐山（9月）

ユキノシタ
岩屋山（6月）

ムベの花
帆場岳（4月）

ミヤマスミレ
岩屋山（4月）

センニンソウ
矢筈岳（8月）

ナツツバキ
帆場岳（7月）

ジャノヒゲ
岩屋山（7月）

ガガイモ
彦山（9月）

スミレ
岩屋山（3月）

ツルリンドウ
井樋ノ尾岳（8~10月）

コミカンソウ
稲佐山（8～10月）

ロクオンソウ
網場金比羅山（6～7月）

サザンカ
舩石岳（11月）

コクラン
岩屋山（6月）

ナンバンギセル
岩屋山（7~9月）

ここでご紹介している花の
写真を撮ったのは長崎の登
山グループ在籍の陣川光子
さん。
P64にインタビュー記事有
り。こちらも合わせてご覧
ください。

岩屋山エリア

岩屋山は長崎市の北西に位置し、南は小江原、北は滑石地区に接する標高 475 m の山です。小江原からは約 1 時間、滑石からは約 1 時間半。朝お弁当を持って上るのにちょうどいい山なのです。登山道や頂上からは、市中心部はもちろん、五島灘や長崎半島、遠く天草や佐賀県黒髪山が眺望できます。江戸時代から長崎の人々に大変親しまれ、特に春は行楽客で賑わってきました。また、正月に行われていた七高山巡りも、本来は加えられていた長崎を代表する山の一つ。頂上には岩屋神社奥の院として祠が置かれています。子どもでも楽しめる緩やかなコースもありますが、全体的に登り口や経路が多いため遭難しやすく、油断大敵です。

滑石峠
249

みちこ

キノコ岩 ●

展望岩 ●

長崎市

式見ダム

一服茶屋 ●

自然歩道

式見町

式見漁港

向町

舞岳

コース 4
十郎岳登山口〜
十郎岳〜岩屋山コース
⇒P19

コース 5
式見トンネル〜
舞岳コース
⇒P20

手熊町

十郎岳

かきどまり
総合運動公園 ●
総合運動公園

柿泊町

ムベの花

ダンギク

横尾（二）
横尾
北陽町
滑石（三）
166
滑石4丁目
滑石
・142
滑石（二）
葉山
・221
滑石（六）
北栄町
大宮町

コース 6 滑石〜
裏尾根岩歩きコース
⇒P21

コース 2 岩屋神社登山口〜
岩屋山右尾根周回コース
⇒P17

虹が丘町
岩屋山山頂の祠

岩屋山
475m
岩屋神社

手熊式見分岐
（交差点）
三角茶屋
防火広場
九州自然歩道
・209
若竹分岐点
ワラビ広場
東屋
バイオトイレ
二階岩
西町

コース 1 岩屋神社登山口
〜岩屋山往復コース
⇒P16

コース 3 油木町〜
岩屋山往復コース
⇒P18

西北町
長崎本線
赤迫（二）
赤迫
若竹町
柳谷町
錦（二）
錦（一）
白鳥町

警察学校
小江原（五）
小江原
緑が丘町

油木町
体育館
城栄町
364

城山台（一）
若草町
富士見町
花園町
城山

15

岩屋山山頂からは周囲の山々が眺められる。帆場岳、金比羅山、八郎岳、状態が良ければ平成新山が見えることも！

⏱ 2時間15分
🚶 2.7km
🔼 342m
★☆☆☆☆
初心者向き

岩屋神社登山口〜岩屋山往復コース

コース **1**

コース概要	岩屋神社発ー15分ー左尾根分岐ー10分ー虹が丘分岐（通称・三角茶屋）ー5分ー分岐ー15分ー手熊式見分岐ー15分ー岩屋山山頂ー25分ー東屋ー10分ー二階岩ー10分ー林道ー15分ー虹が丘分岐ー25分ー岩屋神社着

岩屋神社

岩屋山

三角茶屋

防火広場

手熊式見分岐
（交差点）

ワラビ広場

東屋　二階岩

バイオトイレ

若竹分岐点

九州自然歩道

この道は「ファミリーコース」と呼ばれています

穏やかな道行きを休みながら歩こう

　幼稚園児も歩くビギナー向けの穏やかなコースは、岩屋神社登山口からスタート。神社入口にある「岩屋山方面約1.1km」の案内板を目印に、鳥居の手前に左へ分岐する道があります。これが岩屋山への登山道。木の根の目立つ道、擬木階段を登っていくと、手製のベンチが置かれた分岐（通称「三角茶屋」。地図によっては「三角ベンチ」とも）に出ます。ここでちょっとひと休み。それから植林帯の中を進みます。西への進路に2種類の踏み跡が現れますが、直進方向の道を進むと手熊式見分岐（交差点）に出ます。そこからは急な登りで、春先には足下にシャガの花を眺め、石段を一段ずつ登るほどに驚くほど高度が上がります。自然林を抜けると山頂手前に出て、眼下の展望を眺めつつ一息。もうひとがんばりで「一等三角点」と祠の置かれた岩屋山の山頂へ到着です。

　下山は、同じ道を手熊式見分岐まで戻り、今度は直進し東屋を目指します。東屋で休憩後、程なく二階岩に到着。ここはかつての旧福田村と旧浦上村の境目の「境岩」でした。右に向かうと小江原方面へ行きますが、このコースでは左の林道に向かい、元来た三角茶屋へ。そこから登りコースを逆戻り、出発地の岩犀神社口に到着します。

16

岩屋神社一の鳥居

岩屋神社は岩屋山山頂に上宮、中腹に本社を置く創建万治3年（1660）の神社で、道ノ尾の旧時津街道（浦上街道）沿いに一の鳥居があります。鳥居は明治12年（1879）に地元住民や地区の有力者などからの寄進を受け立てられました。また、額面「嵓屋神社」と刻してあり、「岩」という字は「山」と「石」を合わせてその意味を示しますが、「嵓」という字も同じ意味を持ちます。

登り口の分岐。左へ。ちなみに右の鳥居の先にはトイレあり

三角茶屋

手熊式見分岐

長崎大学フォトコンテストで佳作を受賞した「頂の景色」。登り切った達成感が背中からあふれ、その向こうに広がる眺めも素晴らしい！水産学部3年仲信成さんの作品。

岩屋神社登山口～岩屋山右尾根周回コース

コース **2**

コース概要　岩屋神社発－30分－右尾根－30分－分岐－30分－広場－30分－岩屋山山頂－30分－虹ヶ丘分岐（三角茶屋）－25分－岩屋神社着

🕐 3時間 0分
🚶 2.7km
↗ 342m
★★★☆☆
中級者向き

登りはまっすぐシンプルに。帰りは分岐に要注意

岩屋山の登山コースは複数あり、分岐や合流も多いのですが、その中にあって比較的まっすぐ岩屋神社から登るルートです。最寄りのバス停は虹ヶ丘（長崎バス）。虹ヶ丘小学校の裏手から始まる岩屋神社登山口があります。ただし、左へ行くコース①とは逆の、右へ登る登山口。このコースは右尾根をメインに歩くコースなのです。しばらく足元が悪い道程が続きます。岩屋神社への分岐を右に取り、岩屋山北面を横切りながらロープのある急斜面を越えると、ほどなく岩屋山頂上に到着します。

下山は、道を間違うと全然違う場所に出るため、要注意。急な下山道の石段を下ると手熊式見分岐に出ます。ここで西町方面への左コースを取り、杉林を下ると木製ベンチのある三角茶屋分岐に到着します。分岐を左へ行くと岩屋神社へと下って行きます。

十郎岳 248m

⏱ 1時間 40分
🚶 2.0km
↗ 320m
★★☆☆☆
一般向き

油木町〜岩屋山コース（片道）

コース 3

コース概要
油木町の県立総合体育館―20 分―市道油木町西町線―九州
自然歩道―40 分―若竹分岐―10 分―三角広場―15 分―手熊
式見分岐―15 分―岩屋山―30 分―虹ヶ丘分岐（三角茶屋）―
九州自然歩道 70 分―油木町―県立総合体育館前

これがバイオトイレ

バイオでお尻が温かいトイレ

今ひそかなブームになっている岩屋
山は、登山者の数も増え、トイレ
設置が急務となっていました。しか
し、トイレは水栓設備や浄化槽な
ど莫大な費用が掛かります。そこで
東屋の近く（現地に看板あり）自
然に優しいトイレといって、おがくず
を使ったバイオトイレが生まれまし
た。さらに冬場は氷点下になる山
ですので、温熱設備も備えていると
いうわけです。

九州自然歩道をのんびり歩く

　県立総合体育館（アリーナかぶとがに）前の油木通りか
ら延びる九州自然歩道を歩くルートです。九州自然歩道で
あることを示す黄色い表示板を目印に歩きましょう。石段
を上るとカトリック墓地。そのそばを通りしばらく進むと
市道油木町西町線により自然歩道が遮断されています。そ
こで車道に降りて横切り、対面のフェンス沿いに登って行
きます。ここの登りは少々きついので覚悟して。しかし全
体的には、周囲の景観を楽しみながらのんびり歩けます。
ここで、コース①にも登場する三角茶屋に到着し、そこか
ら①と同じ岩屋山周回コースをたどります。下りは往路と
同じ道をそのまま逆に戻り、油木に下りてきます。

岩屋山
三角茶屋
防火広場
九州自然歩道
若竹分岐点
手熊式見分岐
（交差点）
ワラビ
広場
二階岩
東屋
バイオトイレ
西町
市道緑が丘線
小江原
県立総合体育館

十郎岳登山口〜十郎岳〜岩屋山コース（片道）

🕐 1時間30分	
🚶 3.1km	
↗ 444m	
★★☆☆☆	
一般向き	

コース 4

コース概要：かきどまり運動公園前バス停発ー15分ー十郎岳分岐ー3分ー十郎岳山頂ー20分ーP364ー25分ー手熊わかれー10分ーワラビ広場ー20分ー岩屋山山頂

港や海を見下ろしながら稜線を横断

　スタートはかきどまり運動公園バス停（長崎バス）近く。金網フェンスに「十郎岳登山口」の道標があります。溝の上を歩きながら林に入り、踏み跡をたどっていきます。木の根を張る道からロープが出てくれば、山の稜線は間近。10分強も歩くと、稜線に出ます。右は岩屋山への道、左は十郎岳への道。左へ進むと50mも歩かないうちに十郎岳三角点に到着します。なんとそこから南は行き止まりの断崖ですから気を付けて。目の前には伊王島、眼下に柿泊漁港と神楽島が望めます。南は運動公園、その先の台地はゴルフ場。左の鞍部に頭をのぞかせるのは稲佐山です。いつも駅側から眺める角度とは正反対の、いわば「裏」から見た稲佐山も珍しいですね。そこから尾根道や隆起した石の上を歩きます。ちょっと歩きにくい石道を越え、途中の林道の分岐に注意しながらしばらく登り、ワラビ広場から林道を横断（ここは「シルバーコース」と呼ばれています）、防火広場経由で岩屋山頂となります。同じ道を戻ってもいいし、別ルートを選んで下っていくのもいいですね。

長崎火山

今から500〜80万年前、長崎市街地一帯は火山で稲佐山-岩屋山-三ツ山-烽火山-彦山-唐八景など市街地を囲むように並んでいる山は、その火山の外輪山であると考えられています。範囲は直径20kmもあり富士山に匹敵する大きさで、現在、地質学者の布袋厚氏がその解明に努めています（P30　コラム参照）。

19

式見トンネル・舞岳コース（片道）

コース
5

コース概要　式見トンネル口バス停発ー70分ー舞岳ー20分ー上浦・舞岳分岐ー20分ー九州自然歩道ー10分ー服茶屋ー10分ー自然歩道と林道分岐ー10分ー階段登り口ー25分ー防火広場ー5分　岩屋山山頂

岩屋山神宮寺／岩屋山神通寺跡と岩屋神社

岩屋山は古来より霊峰としてそびえ、奈良時代に僧：行基(668-749)が筑後巡回の際に訪れ、阿弥陀如来、釈迦如来、観音菩薩の三尊を安置して岩屋山大権現とします。平安時代には弘法大師が唐からの帰途に立ち寄られ神宮寺で護摩を焚き、以降、別院36坊を要する寺院に発展します。弘治年間(1555-58) 神宮寺は焼かれますが、万治3年(1660)寺は再興され、神通寺に改称。以降発展しますが、明治維新の廃仏毀釈によって廃寺となり、仏像などは境内の別の場所に移し神像をご神体として神社へと変わります。境内には今でも神仏混淆時代の仏像群や歴代住持墓所などが残っています。

岩登りも体験できてわくわく冒険満喫

　このコースは滑りにくい靴と手袋は必携です。まずは「トンネル口」バス停（長崎バス）から出発。この式見トンネルは昭和2年（1927）竣工でほぼ100歳。バス停そばの草に覆われた古い階段を上がると、トンネル上の尾根道に出ます。煙突（通気口？）に沿って左側の舞岳方面に進むと、さっそく岩場登場。奥のトラロープを伝って慎重に登りましょう（この辺りから赤いペンキの目印あり）。15分程歩くと「みさき道歩会」の青い道標、舞岳・式見トンネル・向新道の分岐点です。初冬にはハゼノキが紅葉し、それに紛れて目印テープを見落とさないよう、要注意。途中の赤色のザイルを使って登り上がり、3つの祠を過ぎると舞岳山頂に到着です。別名「舞岳古城跡」また「手熊富士」とも。しかし展望はききません。舞岳山頂から上浦分岐までは100m超えの急な下りで、ガラガラの石ころだらけの難所を下りきると式見ダム・岩屋山・上浦バス停方面に分かれる上浦舞岳分岐に到着。ここからは東側の岩屋山を目指して九州自然歩道へ。ほどなく一服茶屋、その先の木製の標識に従い岩屋山に向け、最後の長い自然歩道の急登階段、あと一息。防火広場を経由して岩屋山山頂に到着！　同じ道を引き返す体力がなければ岩屋神社方面に下るのも手です。

式見トンネルコースの登り口

キノコ岩

展望岩

段々畑跡（通称・インカの遺跡）

滑石から裏尾根岩歩きコース（片道）

コース
6

コース概要：北陽小前バス停ー15分ー滑石4丁目ー15分ー樫原霊苑ー33分ーみちこ岩ー22分ー弁当岩ー40分ー式見ダムー30分〜上浦分岐ータッチ岩 (12:33) ーー服茶屋〜自然歩道・林道分岐〜舞岳コースと同じー岩屋山山頂

⏱ 3時間55分
🚶 7.1km
↗ 342m
★★★★★
健脚上級者向き

次々現れる奇岩をウォッチング

　北陽小バス停（長崎バス）から樫原霊園までは車道を歩き、霊園を通り抜け、白い手すりの階段を裏尾根に向かいます。眼下には大村湾、ほどなく裏尾根の岩屋山への分岐に到着。左は岩屋山ですが、ここは右へ。岩屋山の北部、裏尾根コースのお楽しみは奇岩。道々にあるのは展望岩、みちこ岩、キノコ岩、石積みの段々畑の痕跡（通称「インカの遺跡」）など、変化に富んでいます。特にみちこ岩は広くて休憩にぴったり。真正面に岩屋山、深い森を見下ろし、冬場は五島灘と角力灘に浮かぶ小島「神楽島」も近く眺められます。いったん式見ダムへ下り、上浦舞岳分岐から九州自然道を岩屋山へ。ここからはコース⑤と同じ。このコースのもう一つの楽しみは花々で、秋には、フユイチゴ、イヌコウジュ、ツワブキなど次々と眼を楽しませてくれます。

コース 1 稲佐山遠足コース　⇒P24

長崎ブリックホール

スタジアムシティ
予定地

稲佐山公園
鉢巻山
野外ステージ
淵神社

長崎ロープウェイ

外人墓地

稲佐山▲
333m

稲佐岳駅

JR長崎駅
旭大橋
県庁

稲佐山展望台
（ながさき旅ネット提供）

長崎港ターミナル

立神山▲
229m

飽の浦トンネル

丸尾町

みなと坂

東立神町

長崎造船所本館

三菱重工長崎造船所

岩瀬道町

本館正門

西立神町

第3ドック

立神門

松が枝国際埠頭

コース 2 天門峰縦走コース　⇒P26

浪の平町

木鉢町

木鉢トンネル

西泊町

木鉢IC

小菅修船場跡

長崎港

女神大橋

神埼鼻

稲佐山・立神山 エリア

稲佐山は長崎市街地に西にそびえる標高333メートルの山で稲佐嶽や伊渚嶽（イナサダケ）ともいい、古くはふもとに稲佐氏の居城があったところから稲佐岳と呼ばれるようになったものです。山腹には公園が整備され、野外コンサート場、野外音楽堂、鹿や猿の飼育場などがあり市民のレクレーションの場所となっています。ロープウェイやケーブルカーでも登れますがいくつかの登山道も整備されています。山頂からは長崎半島、佐世保針尾島、多良山系、雲仙普賢岳、天草島や遠く五島列島まで眺めることができます。稲佐山より連なる山は絶壁にて海に落ち込み、そこを神崎といいます。その神崎と西泊の中間にある山が天門峰。開港以来、長崎港の出船入船を見つめてきました。

名勝図会

江戸時代後期に書かれた長崎名勝図会によると、天門峰の先端を神崎といい、ふもとの大岩を男神といいます。これは対岸の女神に対し男神とうもので俗に生石（イキイシ）とも称します。神崎の下には入り江があり姥ケ懐（ウバガフトコロ）といい、その横の洞を辛螺洞（ニシドウ）といいます。当時はよく魚が釣れたそうです。現在では神崎の海岸は埋立てられ当時の様子を知ることができません。

天門峰と神崎神社（長崎名勝図絵より）

| ⏱ 2時間20分 |
| 🚶 5.8km |
| ↗ 342m |
| ★★☆☆☆ |
| 一般向き |

稲佐山ストレートコース　（往復）

コース①

コース概要
ロープウェイ前バス停（長崎バス）―5分―淵神社―20分―宝珠山―35分―車道・登岳近道―40分―稲佐山山頂 稲佐山公園（鉢巻山）―20分―宝珠山分岐―10分―もみじ谷登山口―10分―渕町公園

往路はアドベンチャー 復路は遠足でおなじみ

　長崎市内の小学校の遠足でもおなじみの稲佐山。往路は宝珠山経由、ちょっとアドベンチャー気分で。ロープウェイバス停そばからのびる淵神社参道階段からスタートです。神社の境内を通らせてもらうため、お参りはもちろん、社務所にひと声かけて、本殿の背後に控える宝珠山へ向かいましょう。石段を上ると十二支をそれぞれ祀った神社があります。そこから急な道を約15分上り詰めると宝珠山（122m）山頂。尾根道を過ぎ、金網フェンス沿いに下りると開けた鉄塔下に出ます。そこからは右に巻道（迂回路）を通り、もみじ谷コースに合流、車道や登山道に出るので車に注意しながら歩きましょう。右手に階段が見えてくるのでここを15分ほど登り、ほどなく明るく開けた稲佐山公園へ出ます。この公園そばの鉢巻山より、市内最高峰の八郎岳、香焼、伊王島などが一望できます。鉢巻山を下り、案内板を見ながら15分進むと

淵神社そばの登り口

旭大橋から見た稲佐山

宝珠山の十二支神社。
自分の干支にお参りを。

車道分岐から稲佐山公園へ

稲佐山展望台に到着。標高 333m の山頂からは 360 度のパノラマが広がっています。天候の良い日は雲仙・天草・五島列島まで見渡せます。レストランもある山頂展望台で遠望を堪能した後は稲佐山公園まで戻り、往路を下り、宝珠山分岐からもみじ谷登山口へ下山。渕町公園に到着します。

稲佐山山頂の展望台「INASA TOP SQUARE」（ながさき旅ネット提供）

稲佐山で♡♡♡を探す

2012 年に世界新三大夜景の 1 つとなった長崎市（2021 年に再認定）。夜景をグレードアップさせる施策も行っています。稲佐山展望台にはハート型のモニュメントが設置され、そこから見える夜景の中にハート型が浮かび上がるよう街灯を整備するなど、さまざまな工夫が凝らされています。

展望台からの夜景
（ながさき旅ネット提供）

『遠い山なみの光』

2017 年にノーベル文学賞を受賞したカズオ・イシグロは、4 歳まで長崎市に住んでいました。彼の長編第一作『遠い山なみの光』（1982 ハヤカワ epi 文庫）は被爆後の長崎が舞台となっており、重要なシーンに、稲佐山のロープウェイや展望台が登場しました。

『遠い山なみの光』
（ハヤカワ epi 文庫）

立神山～天門峰縦走コース　（片道）

コース概要

立神バス停（長崎バス）─15分─桜谷神社─50分─立神山
─20分─帆掛山─20分─西泊中学校─15分─障子岩山─
17分─天門峰─15分─天門峰登山口─20分─木鉢町バス停
（長崎バス）

🕐 4時間 0分
🚶 3.7km
↗ 229m

★★★☆☆

中級者向け

遠見番所目線で　長崎港を見下ろす

　長崎港西側の三菱重工長崎造船所第一ドックの後ろに見える立神山（229m）と、女神大橋の神崎側にある天門峰（しらと）と呼ばれる岩峰を縦走するコース。この岩峰からは、今も昔も長崎港を出入りする船がすべて確認できるため、江戸時代は遠見番所が置かれていました。さてスタートは立神バス停。立神公園を右に見て進むと左右の分岐があります。ここから右の道をしばらく進むと浄正寺、さらに行くと桜谷神社へ上る参道があります。一の鳥居（1808 年建立）から正殿に至る石段は 296 段。この辺りは目印テープが少なく迷いやすいので要注意。さらに登り尾根に出ると表示板があります。（左側：天門峰、右側：稲佐山）左側の尾根を進むと、立神山や帆掛山の表示板や祠があります。ここから下ると西泊中学校のグラウンドに出るので、ひとまず一服。ここから急峻な登りになり、障子岩山（139m）を経由して 30 分ほど登ったところが天門峰の頂。ここから100m ほど南へ行けば景観抜群の岩場の展望所に着きます。

26

立神山への登り口の立神公園

天門峰の頂上

天門峰からの眺め。対岸のマンション群と同じ目の高さ

立神山 ▲

長崎造船所本館
岩瀬道町
飽の浦トンネル
桜谷神社
東立神町
浄正寺
立神公園
帆掛山
西立神町
立神バス停
みなと坂
西泊中学校
木鉢町
木鉢トンネル
西泊町
ファミリーマート
ジョイフルサン
木鉢町バス停
障子岩山
木鉢IC
天門峰
長崎港
天門峰登山口
神崎神社
女神大橋

天門峰（てんもんほう、しらととも言う）

長崎港の入り口にある天門峰。ちょうど対岸の小ヶ倉山（大久保山）と合わせ、ここが天につながる門にたとえて天門峰と呼ばれます。また、山の形が白衣を着た観音菩薩に見立て観音山とも称し、当時、ここの前を通過する船は必ず香を焚き銅鑼や太鼓を鳴らし拝礼していました。それは船神が観音菩薩の化身といわれていたからです。

対岸の鍋冠山から見た、天門峰（左）と立神山（右）

女神大橋を走る車や、橋の下を通過する小さな船から大型クルーズ船までが眺められ、長崎港を囲む街並みを見渡せます。ここから最後の下りがありますが、急斜面のため長いロープが設けられています。手袋は必須（雨の日は必ず滑ると言っていい）。下り終わるとそこが女神大橋の歩道脇。ここから橋を渡って戸町側にいくこともできますが、今回は木鉢バス停まで降りてゴールとします。

天門峰の岩場から女神大橋を望む

長崎の山は火山だった

布袋　厚

見渡せばあれもこれも
実は火山のあと

　長崎の街をとりかこむ山の多くは、むかし火山でした。観光地で有名な稲佐山、七高山めぐりの金比羅山、七面山、烽火山、秋葉山、豊前坊、彦山、愛宕山（または岩屋山）がそうです。

　これらの山は山頂はもちろん、中腹や裏側の海岸まで、ざっと、茂木から唐八景の南をとおって小ヶ倉にいたる線、時津町日並郷から滑石トンネル西口をとおって式見にいたる線、矢上と喜々津を結ぶ線で囲まれたところが火山の岩石でできています。

　そのほか、深堀の城山山頂や東長崎の普賢岳、式見の「あぐりの丘」のそばにある矢筈岳なども火山の跡です。

　ちなみに、茂木－小ヶ倉の南側や日並－式見

の北側は結晶片岩（長崎の方言で温石＝おんじゃく）のような変成岩類が中心です。そのなかには長崎市の最高峰である八郎岳、それに連なる熊ヶ峰、西彼杵半島の長浦岳があります。小ヶ倉の南や茂木には泥岩や砂岩、礫岩などの堆積岩類もあって、そのなかには恐竜やアンモナイトの化石を含む白亜紀の地層があります。

　また、矢上－喜々津から東側は砂岩や泥岩といった堆積岩類が広がっています。火山岩地帯のなかでも長与町南部から長崎市の川平にかけては堆積岩類が顔をのぞかせています。

それぞれの地形が語る
生い立ちの違い

　長崎の山は時代や岩石の種類が違ういくつもの火山が重なり合ってできています。

　街の西側の木鉢から稲佐山、岩屋山をへて時津の鳴鼓岳までの山地と、街の東側の唐八景から日見峠、烽火山をへて琴ノ尾岳、さらに堂崎までの山地は大部分が「長崎火山岩類」という火山の跡です。これは安山岩という岩石でできています。活動は570万年ぐらい前に始まり、100万年ぐらい前まで何度も繰り返されました。最初は街の北西側の滑石から時津、長与にかけてのあたりで噴火が起こりました。このと

玄武岩と結晶片岩が混じった土石流堆積物を玄武岩の溶岩が覆う。（四枚町、「あぐりの丘」建設中の写真）

28

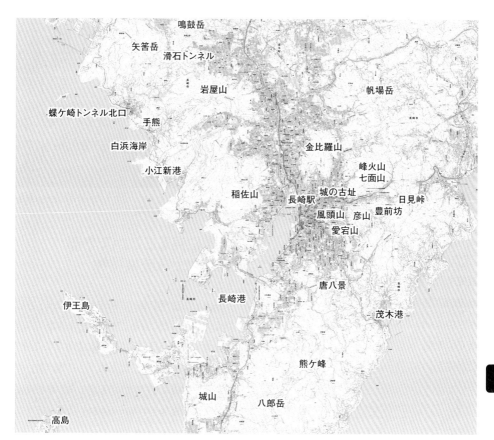

きの溶岩は雲仙火山のそれに近く、流れにくい性質を持っていたのでいくつものドームができました。また、噴火に伴って火砕流や土石流が発生し、式見や手熊、さらに茂木まで流れて地層を作りました。その後、時代とともに噴火する場所が南東に移っていき、溶岩がさらさらと流れて横に広がりやすい性質に変わっていきました。

また火山活動の中頃には火山の山体が大崩壊する事件がありました。このときの岩なだれ堆積物は厚さ150mを越え、岩屋山以南の西海岸から街のまわりをへて東海岸まで広く分布しています。そのあとに稲佐山や岩屋山といった、

長崎火山岩類の火砕流堆積物（がけの明るい色の部分）と土石流堆積物（黒っぽい色の帯）、中央の山は矢岳、左奥は彦山で、これらの山頂は天竺山火山岩類の溶岩でできている。（早坂町、長崎インターチェンジ建設中の写真）

街を囲む山々の多くができました。そして、長崎火山岩類の最後の活動で、甑岩あたりの高原地帯ができました。

時津町から長与町にかけては、長崎火山岩類よりも古く、700万年から500万年ぐらい前に噴出した「時津火山岩類」が断続的に分布しています。この火山活動では流紋岩質の岩石と玄武岩に似た安山岩質の岩石とが交互に繰り返し噴出しました。東長崎の普賢岳（雲仙とはまったく別の山）やそのまわりにあるドーム状の山は560万年ぐらい前に噴出した安山岩でできていて「行仙火山岩類」と呼ばれています。

また、彦山や隣の豊前坊、帆場岳や隣の天竺山の山頂は明るい灰色の安山岩でできていて「天竺山火山岩類」と呼ばれています。これは長崎火山岩類よりもあとにできました。さらに、岩屋山の西にある舞岳や深堀の南にある城山は年代がよくわかっていないものの、玄武岩でできています。そのほかにも岩石の種類や活動年代が違ういくつかの火山岩類があります。

長崎火山岩類の溶岩を切り出した江戸時代の石切り場跡（伊良林3丁目、風頭公園）

実際に見ることができる溶岩や土石流堆積物

長崎火山岩類の溶岩は稲佐山・岩屋山・金比羅山の山頂などで見ることができますが、バスで手軽に行ける風頭山がとくにおすすめです。風頭公園の展望台の下にある「あじさい園」に行くと、背後に江戸時代の石切り場の跡が見えます。眼鏡橋など中島川石橋群や諏訪神社「二

左・長崎火山岩類の火砕流堆積物（左の白いがけ）と岩なだれ堆積物中の溶岩塊（右に立つ黒っぽい岩）両者の間には断層がある。（柿泊町、通称「小江新港」の西）
右・火砕流堆積物の接写（同地点）

長崎火山岩類の土石流堆積物　がけの中央を左右につらぬく、やや明るい色の帯は火砕流堆積物　（柿泊町、白浜海岸）

の鳥居」の石材はここで切り出されました。また、夫婦川町の春徳寺の裏にある城の古址、筑後町にある本蓮寺の墓地を上ったところにも同じような石切り場跡があります。溶岩はほかの山でもふつうに見られ、山頂だけでなく、山の中腹や海岸に出ていることもあります。

　火砕流堆積物は市内のいろいろな場所にあります。小江港の西にある海岸のがけが観察しやすく、おすすめです。ただし、足元に大きな岩がごろごろしていますし、がけに近づきすぎると落石の危険があるので、十分な注意が必要です。土石流堆積物も市内に広く分布しています。そのなかで交通の便が良く、観察しやすいところは白浜海岸です。また、式見の国道202号線蝶ヶ崎トンネルの北口から南に見えるがけもおすすめです。後者は変成岩類を長崎火山岩類が覆っている境界面「式見の不整合」がある場所として知られています。しかし、2010年代にがけが大崩落して近づくのが危険になっているので、離れたところから眺めるだけにとどめておくのが良いでしょう。

　以上紹介したように、長崎の山は場所ごとに、いろいろな種類、年代の岩石でできています。慣れてくるとそれぞれの違いが見えるようになりますし、岩石がどうやってできたのかも分かるようになります。そのようなことを想像しながら歩くと登山がさらに楽しくなるでしょう。

著者プロフィール：

布袋厚
（ほていあつし）

自然史研究家。1959
年生まれ。長崎大学
教育学部中退、同医
学部卒。幼少時から
長崎の野山を見つめ
続ける。

七高山めぐり

木場町

西山（四）

四丁目入口
バス停

西山高部ダム
西山ダム陸橋

金比羅山

長崎佛舎利塔

金刀比羅
神社

トイレ

ドンク岩

近隣公園

ハタ揚げ広場

トイレ

金星観測
記念碑

片淵三丁目

七面山

七面山分岐

鳴滝（三）

松尾
商店

立山
公園

長崎
中学校

鳴滝（二）

鳴滝（一）

本河内低部
水源地

スタート
（諏訪神社）

蛍茶屋電停

番所バス停
（英彦山一の鳥居）

ゴール
（若宮稲荷神社）

岩倉大明神

矢の平（二）

風頭山（風頭公園）

トイレ

坂本龍馬之像

矢の平（一）

展望岩1

矢の平（三）

展望岩2

彦山

竹林

ホテル矢太楼

風頭

伊良林（三）

彦見町

白木町

風頭山バス停

愛宕山

烽火山

秋葉大権現

本河内四丁目

妙相寺●

トリモチ自然北限地

●本河内高部ダム

トイレ　本河内高部水源池

七高山めぐりをする善男善女（金刀比羅神社）

豊前坊
（飯盛神社）

田手原

秋葉山神社

七高山めぐりとは江戸時代より伝わる正月行事
の一つで、当時は1月2日から15日ごろまで
に七高山詣でと称し七つの山を草履がけで気軽
に登っていました。七つの山は金比羅山、七面
山、秋葉山、烽火山、峨眉山（英彦山／彦山）、
愛宕山に豊前坊または岩屋山を入れた7つで、
山に登ることで福が開けるといい縁起を担いで
いました。このうち七面山と秋葉山は実際には
存在せず、七面山は日蓮宗七面山妙光寺のこと
をいい、秋葉山は秋葉大権現のことを指します。

⏱ 7時間

🚶 15km

↗ 一番高い烽火山で 426m

★★★★☆

1日で踏破：健脚向き
(2日かけて：中級者向き)

七高山めぐり、丸一日コース

コース概要

諏訪神社スタート－30分－立山公園－20分－金比羅山－65分－西山ダムー 10分－西片淵近隣公園－65分－烽火山－35分－秋葉大権現－20分－妙相寺前坊（飯盛神社）－15分－国道一番所バス停（鳥居）－40分－豊前坊－30分－彦山－30分－八幡神社－35分－愛宕山－20分－風頭公園－20分－若宮稲荷神社ゴール

こんぴらさん
金比羅山

もともと金比羅山は瓊杵山（ニギヤマ）といい、由来には世にいう天孫降臨伝説もあります。このほか、その姿から崇嶽（タカダケ）と呼ばれたり、木庵禅師から無凡山（ムボンザン）と命名されるなど様々な名を持ちます。昭和20年（1945）8月9日。原爆は浦上上空でさく裂し甚大な被害となりましたが、この金比羅山が盾となり旧市街地（中心市街地）の被害が比較的少なかったといわれています。

金比羅山山頂。浦上地区も一望できる

新年の願掛けをしながら みんなで一回り

　早朝8時、諏訪神社でお参りし、いよいよ出発です。グループは境内の月見茶屋前に集合することも。まずは、桜の名所立山公園へ。県立長崎東高校手前の鳥居が、金刀比羅神社の一の鳥居です。そこを潜り抜けて、金刀比羅神社本宮へ。同社は、商売繁盛や海の安全を守る神社。参拝後、はた揚げ広場を通って、上宮のある山頂到着まで約1時間。頂上からは、北面に岩屋山を遠景に、原爆が落とされた浦上一帯の市街地が広がり、東南にかけて、次の山、烽火山から豊前坊、彦山、愛宕山が一望に見渡せ、振り向けば長崎港。絶景が広がります。

　その後は山の東面を下ること1時間、西山高部ダムを経由して片淵近隣公園に向かいます。白亜の佛舎利塔を横に観ながら烽火山に続く竹林の中を進み、ヒノキの林に入ります。途中に石柱が建っており、このヒノキ林が片淵村の郷有林の名残りで、村民が生活に必要な薪等を取る入会林

34

風頭公園から峰火山方面を望む

片淵近隣公園から長崎市街を望む

野（一定の地域で共同管理をする林野）であったことがわかります。健山までの分岐まで 30 分、分岐を直進すれば緩やかな登りが続いて、右手に七面山への表示がある分岐点に出ます。七面山は鳴滝の奥、日蓮宗の寺、妙光寺があります。江戸時代は七高山の一つに入っていましたが、あまりに急斜面なため、今はスルー。ここから急な登りを進むこと 30 分、烽火山頂上到着。頂上には、異国船入港を烽火を焚いて知らせた窯跡が残っています。野母半島の遠見山からの烽火を確認して諫早市と長与町にまたがる琴ノ尾岳へ知らせるという昔の通信手段ですが、使われたのは 2 回だけだったとか。11 時過ぎ、妙相寺の表示に従いヒノキ林の急坂を下ると、鞍部（山の稜線上の道）に出ます。その先の照葉樹の道を下ると秋葉大権現です。近くに江戸期に建てられた「天明八年三月吉日、七高山道」と刻まれた石碑があります。次の妙相寺目指し、石の古びた階段を降りると境内にある「瑠璃光山」と刻まれた石門に着きます。頂上から下ること一時間余り。そろそろお腹の虫がぐー。

同じく風頭公園から彦山を望む。ちょうど左の写真と対になる眺め。すり鉢の縁をぐるりとまわるようなルートなので、歩いてきた山々が見える

日蓮宗七面山 妙光寺

現在、七面山妙光寺は山手のお堂は神社形態、本殿は寺院形態というように典型的な神仏習合（混淆：こんこう）の形式となっています。その昔、本大工町で酒屋を営んでいた草野宗受という者が隠居を送るため烽火山の麓に移り住み農業を始めますが、付近には猪狸が多く畑地を荒らし農民達を苦しめていました。ある日、宗受の夢に僧が現れ三枚目の畑を掘ると大岩が現れるので七面大明神を祀るようにとお告げあり、翌日、言う通りに畑を掘り岩の上に七面大明神をお祀りすると五穀豊穣になったそうです。

彦山山頂

彦山 / 英彦山

彦山は英彦山とも書き標高 402m。寛延元年（1748）頂上に福岡県英彦山から英彦山大権現をお祀りされると彦山 / 英彦山と呼ばれるようになりました。また、当時、山頂の様子が鍋をかぶったように木々が茂っていたところから鍋山や、中国の峨眉山に似ているところから眉嶽とも。彦山は月の出を知る山であるところから月見に欠かせない山で、長崎奉行所勘定方であった大田南畝（蜀山人）は次の歌を作っています。
「わりたちもみんな出てみろ今夜こそ彦さんやまの月はよかばい　四方赤良（ヨモノアカラ＝蜀山人）」

35

写真左・飯盛神社への風情ある石段を上ると…写真上なんとハートストーン発見♡

彦山から見下ろす愛宕山

愛宕山

愛宕山は山頂に竿石と呼ばれる直立した岩があるところから文筆峰とも呼ばれ、寛永20年（1643）願成寺に愛宕大権現をお祀りしたことと、願成寺の山号を愛宕山としたところから愛宕山と呼ばれるようになり山岳信仰の場となります。山の形が円錐形をしていて大変美しく、江戸時代、長崎十二景の一つに数えられ多くの絵に描かれるようになります。さらに狂歌師：大田蜀山人が次の歌を詠んでいます。
「雨風は花のあたこの山さくらこのは天狗と散らせたまふな　南畝大田覃」

見事なほど円錐形の愛宕山
（長崎名勝図絵より）

彦見町にある愛宕山登山口

市道に出て、本河内水源地にある水源地公園でお昼休憩。ここにはトイレもベンチも、枯れ草の原っぱもあります。

　さて昼食を終え13時過ぎ、次の豊前坊飯盛神社を目指します。彦山の山並みが目前に迫り、満腹後の急登を我慢して登りましょう。旧日見トンネルに続く国道34号を横断して、まっすぐ登るか、国道を下って番所バス停まで行って英彦山正面の鳥居を潜り登るか。ここは直登して旧長崎街道まで上り、参道まで下る道で。自然石を敷いた参道の長い石段を登り切ったところに、豊前坊の飯盛神社があります。ここまで約1時間。参拝後、彦山へ続く急登を登ること30分。石の洞がある英彦山神社。その背後に彦山頂上があります。眼下には斜面都市らしい家ぎっしりの光景が広がり、県外の方はこれを見て皆驚くのだとか。山頂からは、6つ目の愛宕山が見えます。その方向へ下り、ヒノキ林を抜け、1つ目の農道を横切り、2つ目の農道へでたら右折して、200mほど歩いた先の竹林を抜け八穂神社の横から民家の脇を下ると、三叉路の車道に出て、左手に入って愛宕山を目指します（ここちょっと複雑）。ここまで40分。最後の登りの愛宕山は、立ち並ぶ住宅をすり抜け、急な階段から参道へ。最後の力を振り絞り、登り上がると愛宕山です。中には、ここまで来て階段の途中でギブアップする人もいるほど、この階段登りの辛さは骨身に染みるきつさです。下からここまで40分。風頭公園までは、下り道20分で到着。見渡すと、夕日を受け、今日登った山並みが「よく頑張ったね」と労いを送ってくれているようです。風頭から新大工方面へ向かい若宮稲荷神社に到着するとゴールです。坂本龍馬を始めとする幕末維新の志士たちも参ったであろう神社で祈願して、締めくくりとしましょう。

　朝8時に出発して8時間余り、約4万歩、総延長15キロの七高山巡り。今日の達成感は格別です。ちなみに、愛宕山の代わりに岩屋山を別の日に登ってもよいとされていますし、一日で登るのでなく、何日かかけて登ってもよいとされ、江戸期はのんびり時間をかけて、1年間の無病息災を祈願していたようです。

豊前坊登り口にある歌碑

風頭公園の坂本龍馬像。すぐそばには石切り場（P30）もあり
（ながさき旅ネット提供）

若宮稲荷へ続く赤い鳥居の参道。七高山巡りではここを下っていく

写真左・右　若宮稲荷の竹ン
芸。毎年10月14,15日に行
われる。
左は大人で最後に懐から鶏を
飛ばせる。上は子どもも立派
な演技

若宮稲荷神社

赤い鳥居が約70もある若宮稲
荷神社。秋の例大祭に奉納され
る無形民俗文化財の竹ン芸（た
けんげい）でも有名です。狐面
をつけた若者のアクロバティッ
クな演技は必見。神社近くには
坂本龍馬ゆかりの貿易会社「亀
山社中」があったことから、龍
馬たちも訪れたと思われます。
その縁もあり、風頭公園の坂本
龍馬之像の原型が設置。境内で
は龍馬お守りなども販売されて
います。

唐八景・星取山・鍋冠山エリア

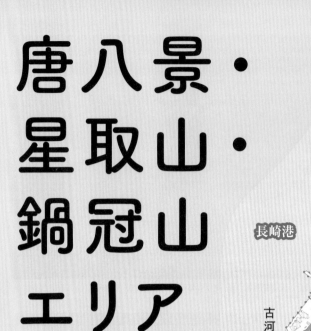

長崎港

長崎港

水辺の森公園

長崎税関

常盤町

松が枝埠頭

松が枝町

松が枝町

長崎電気軌道

石橋電停

大浦天主堂

グラバー園

グラバー園

南山手町

相生町

大浦天主堂境内

長崎天主堂

長崎地方気象台

南山手町

グラバースカイロード

南山手グラバー園下ゲート

グラバー園第2ゲート

上田町

浪の平町

古河町

鍋冠山▲

トイレ

西琴平町

小菅修船場跡

国分町

小菅町

二本松神社

戸町

上戸町

上戸町

上戸町

上戸町

上戸町

上戸町

魚見

唐八景といえばハタアゲの名所。「長崎の思い出」（リンデン）の中で描かれている紙鳶揚（ハタアゲ）の様子。

長崎市街地を一望できる唐八景は公園化され、春には紙鳶揚げ、「市民の森」はハイキングなど市民の憩いの場としても人気です。唐八景からは市街地を取り囲むように星取山（大平山）、鍋冠山と、穏やかな山並みが連なっており、古くから星の観察などでも親しまれてきました。住宅地もあるため、便数は少ないものの、バスも通っています。この唐八景から鍋冠山へ行ける道があることは、知らない市民も多いかも。鍋冠山はグラバー園の後方にそびえる標高 169.2m の山。ちょうど港を挟んで稲佐山と向かい合う形で、眼下に拡がる長崎港の風景と女神大橋などの眺めの良さは有名です。

コース 1 　天空のおさんぽコース
⇒P40

コース おまけ 　太郎さん山コース
⇒P13

▲星取山
270m

唐八景のバス停

星取山から二本松のバス停へ

| ⏱ 2時間00分 |
| 🚶 3.4km |
| ↗ 270m |
| ★★☆☆☆ |
| 一般向き |

天空のおさんぽコース

コース概要 唐八景入口の準提観音前バス停（長崎バス）〜30分〜星取山〜25分〜二本松神社〜10分〜鍋冠山〜30分〜グラバー園第二ゲート〜10分〜石畳祈念坂〜5分〜大浦天主堂

星取山（大平山）

明治7年（1874）12月9日金星が太陽面を通過するという当時の天文界では大変重要な現象が起こります。これを観測することで太陽と地球の距離を正確に導き出すことができ、さらには太陽系解明の手がかりとなるのです。長崎では金比羅山と大平山で観察が行われましたが、金比羅山のみ成功。しかしこの大平山も「星を撮る山」という意味で「星取山」と呼ばれるようになりました。ちなみに、この現象、平成24年（2012）にも起きましたが、さほど話題になりませんでした。次回は2117年とか。

唐八景の登り口

星取山から二本松神社へ向かう道の竹林。さやさやとした葉擦れの音や竹がぶつかり合う音が聞こえます。

鍋冠山展望台から市街地を眺める（昼）

坂のまちらしい　絶景の変化を堪能

　長崎市民の森から星取山経由で南山手にアプローチ、角度も変わる長崎らしい絶景を楽しみながら歩くコース。ありきたりの観光地に飽きた長崎マニアにもおすすめです。まず、唐八景入口の唐八景バス停からスタート。市民の森から星取町の住宅地を抜けて、目印となるNHK長崎放送局唐八景ラジオ放送所前を通過、星取山（270m）へ向います。右方向の山道を歩くと山頂に達します。とはいえ、山頂の展望はありません。頂上の三角点を確認したら先に続く山道を踏み跡を確認しながら下ります。道は荒れているものの迷うほどではなく、竹林を抜け墓の脇を下ると舗道にでます。そのまま下り、小ヶ倉田上線を横切り二本松神社に出ます。神社から鍋冠山への車道と並行した細道を歩き、約10分で鍋冠山へ到着。一帯は公園として整備されており、リニューアル

鍋冠山展望台。整備され、
トイレもキレイ♡
（ながさき旅ネット提供）

鍋冠山

鍋冠山の由来は、東山手町にある冠鍋山誠孝院と関係が深く、江戸時代に山のふもとで日親上人（通称：鍋冠日親）の石像が発見したことによります。このほか山の形が鍋蓋を逆さにかぶせたように見えるところから、鍋冠山と呼ばれるようになったともいわれています。

鍋冠山展望台から長崎港を眺める（夜）（ながさき旅ネット提供）

された展望台もばっちりです。標高 333m の稲佐山に比べ、鍋冠山は半分ほどの 169m。港に頭から突っ込んでいくような迫力があります。長崎港に入港する大型クルーズ船のナイスショットを撮りたいカメラマンにはおなじみの場所。世界遺産「明治日本の産業革命遺産」の構成資産になっている三菱重工長崎造船所のジャイアント・カンチレバークレーンも眺められます。そこからは、鍋冠山公園の遊歩道を下り、案内板に沿ってグラバー園第二ゲート前に出ます。ここから斜行垂直エレベーター「グラバースカイロード」で石橋電停近くに下るショートカットを選ぶこともできますが、せっかくなので大浦展望公園から祈念坂の情緒ある坂道を猫と一緒に下ってみては？　大浦天主堂を左に臨みながら、南山手の坂道に出られます。

大浦天主堂横に出る絵になる風景「祈念坂」。石畳も美しい

🕐 3時間40分	
🚶 6.3km（往復）	
📈 299m	

★★☆☆☆

一般向け

太郎さん山と野鳥観察コース（往復）

コース
おまけ

コース概要

唐八景バス停ー15分ー車道分岐山道（八郎岳登山道東口）ー20分ー太郎さん山ー右へ下るー林道（20分）ーホルスの森看板ー15分ー300m下り、沢に出るー15分ーホルスの森へ戻るー右側林道登るー10分ー東屋ー（昆虫の森）ー30分ー車道交差ー往復10分観察小屋ー5分ー橘翔大展望標識ー5分ー橘翔大展望ー帰路は車道もしくは往路ー1時間20分ー唐八景バス停

往路

● 唐八景バス停

△298.6

八郎岳
登山道
● 東口

太郎さん山

「ホルスの森」
看板

ホルスの森

沢

昆虫の森
東屋

復路

入口案内 ●
野鳥観察小屋 ●

橘翔大展望
入口案内 ●

野鳥観察小屋。中（左上）は観察
できる鳥の紹介あり。

ゴールの橘翔大展望所

野鳥も観察できて
ゴールの橘翔大展望は圧巻

　せっかく唐八景まで行くならば、もう一つおまけコースをご紹介。南下してヒメシャラの自生地や野鳥観察小屋に寄り道しながら、ゴールの展望台からの眺めが素晴らしいコースです。

　長崎バス終点「唐八景」バス停から出発。市民の森への車道を行き5分程で左側山道に入ります。10分程で車道分岐へ。「八郎岳登山道東口」の標識から登り、20分程で太郎さん山の山頂に到着。なだらかな丘のような山で山頂標識はありません。頂上から道なりに右のほうに下り、林道を20分程歩き「ホルスの森」看板を目印に300m沢に下ります。この辺りは、ヒメシャラの木が多く自生しています。すべすべとした触り心地で赤褐色の樹皮をしており、5、6月には白い可憐な花が咲きます。「ホルスの森」看板まで戻り、右側林道を上ると10分程で右手に東屋もある「昆虫の森」。それから林道を道なりに登り、元キャンプ場の細い道を進むと30分程で舗装道路と交わります。ここにあるのが「野鳥観察小屋」。標識から少し歩くとすぐに小屋を発見、野鳥を観察できる作りになっています。来た道を引き返し、車道を烏帽子岩方面へ歩くと5分程で「橘翔大展望」の看板。階段を少し上がると大展望が広がります。晴れた日には、橘湾に茂木港、島原半島、天草まで雄大な景色が。帰りは車道を歩いて1時間20分程でスタート地点の唐八景バス停に到着します。

三角点を目指してみよう

ながさきフレンズ山の会

①北アルプス白馬岳の三角点　②稲佐山の三角点（石碑の背後、金属パイプに囲まれている）　③帆場岳の三角点　④星取山の三角点（ちょっとわかりにくい）　⑤岩屋山の三角点　⑥彦山の三角点

登った証に記念写真を
撮りたくなる人多し

　「三角点」という存在をご存じだろうか。これは山の頂上や公園などの見晴らしのよいところに設置されるもので、緯度、経度が正確に求められる。明治時代に地図作成のために設置したことが始まりとされ、その後も全国の道路の建設や都市開発など、公共事業に必要な位置の基準として利用するため、どんどん増殖された。国土地理院の地図にも「△」マークと標高が記されているが、これは頂上のマークというより、正確には三角点のマークなのだ。測量のための三角網を形成する点の中でも大が一等（973点）、中が二等（約5,000点）、小が三等（約5,000点）、四等（約71,000点）もある。

　丈夫な石材でできた標石の場合もあるし、金属標の場合もある。山の頂上にあるのは標石が多く、そばには木製の目印が立っている。
　長い間風雨にさらされながらけなげに立っている三角点の標石は、おもわず触らずにはいられない。ここまで登ったぞ、という達成感も相まって、この三角点を目当てに登って記念写真を撮る人も。ただし、見晴らしのいいところ限定なので、必ずしも頂上のど真ん中にあるわけではなく、場所によってはひどく探しづらいことも。
　今回の本でご紹介している山の中でも、三角点があるのは以下の通り。
岩屋山（二等）、十郎岳（三等）、八郎岳（一等）、金比羅山（三等）、彦山（四等）、稲佐山（三等）、帆掛山（三等）、唐八景（三等）、星取山（四等）、鍋冠山（四等）、帆場岳（二等）。

矢上普賢岳エリア

彩が丘第1公園（トイレ）

東町バス停

反射板

行仙岳

普賢岳
439m 普賢岳

菩薩様

セブンイレブン

普賢神社

馬場バス停

長龍寺

龍神堂

ララコープ

普賢神社バス停

侍石

矢上町

侍石バス停

高城台

矢上小学校

東長崎中学校

かき道2丁目

かき道（三）

イオン東長崎

かき道（五）

長崎東公園

かき道（四）

昔から山岳信仰の山として親しまれている普賢山。普賢菩薩をお祀りした寺院があり、一般的には矢上普賢山と呼ばれています。標高439m。山頂付近には釈迦如来、薬師如来、阿弥陀如来、虚空菩薩、地蔵菩薩、弘法大師などの石像が点在し、岩肌には10mほどの不動明王像や観音菩薩が刻され、9合目付近には明治維新後の廃仏毀釈で普賢神社として開かれたお社があります。また、登り口には山頂まで行かれない人のため普賢菩薩のお堂があり、矢上町地区の人々によってお祀りされています。

船石町

・119

船石岳
△451.3

・395

尾岳

町古場

上

45

川内町

・202

上戸石町

岩に刻まれた不動明王像

こちらは観音菩薩

左が竜神堂、右が普賢神社へいく分岐

飯盛町

田結

界隈で見られる花々

矢上普賢岳の頂上には地蔵菩薩像が鎮座

⏱ 2時間50分
🚶 4.3km
↗ 439m
★★★☆☆
中級者向き

彩が丘～矢上普賢岳～矢上コース

コース概要
馬場バス停（県営バス）－30分－彩ヶ丘－60分－反射板－20分－
矢上普賢岳－20分－普賢神社－40分－普賢神社登山口

普賢神社

享保元文年間（1716-1741）矢上村に住む野口園衛門が子授けのご利益がある天草島の普賢院に願をかけ、授かった善五郎。普賢菩薩の信仰も篤い善五郎は、相撲で力量を発揮します。天草の石工によって普賢菩薩を刻してもらい、その像を自邸に安置すると、夢枕に普賢菩薩が現れ「私を祀るのはここより子丑の方角の岩に安置せよ」とお告げがありました。早速、その方角に行くと5丈（15m程）の岩があり石仏を安置します。安永元年（1772）のことです。

信仰の山らしく、菩薩や観音像のお堂があちこちに

　馬場バス停（県営バス）から出発し、国道34号線を多良見方面へ進みます。5分ほどで八郎橋入口交差点に着くので右に折れ、八郎橋を渡り、80m程で大きな車道にでます。左に折れ50m程歩き右に上がる道を進み、10分程で彩が丘第1公園に着きます。ここは公衆トイレがあるきれいな公園です。その山側前に墓地があり、登山口へと続きます。ここからは一時間強で頂上手前の反射板にたどり着き、そこから20分程で矢上普賢岳頂上へ到着します。山頂は木々が生い茂り展望はありません。矢上普賢岳は古くから信仰の山

頂上近くには13体のお地蔵様

として登られ、頂上には地蔵菩薩像が鎮座しています。ここから時間があれば、往復30分の距離にある行仙岳（456m）まで足を延ばすのもいいかも。

　帰りは矢上方面へ降りてみましょう。頂上直下の白衣の観音像がある岩場から、網場湾方面の眺望が素晴らしく、麓まで長い石段が続きます。途中、石に彫られた不動明王像、普賢神社、普賢山法華院龍神堂があります。龍神堂近くには駐車場があり、ここまで東町侍石バス停辺りから車で来ることもできます。麓の大鳥居横には、「普賢山登山口」と大きな看板があり、ここがゴール。その少し手前には明治期の道路標識「普賢道」という石の標識があり、この山の歴史を感じさせます。

　ちなみに、東町侍石自治会などが矢上普賢岳の魅力アップのため、令和4年（2022）末までに樹木を伐採したので、山頂からの眺望が良くなりました。女神大橋の橋脚上部や、30km以上先の苓北火力発電所がある熊本県の天草方面も見渡せます。今回のコースを逆に行く下山口の普賢神社登山口からの往復コースも2時間とちょうど良く、登山客にも人気です。

彩ケ丘からの登り口

普賢菩薩像

平成9年（1997）、矢上橋上流付近に普賢菩薩像（重松勝也作）が安置されました。これは矢上地区が普賢神社祭礼の際、地区の5カ所が5年毎に接待する催し「千人弁当」があることから、その伝統継承のために設置されたものです。

普賢岳と刻まれた石碑

信者が寄進した石で作られた石段

石が寄せ合って間を通ることができる祠

長崎の身近な山の魅力を
どんどん発信していきたい

山口広助×江藤真悠子

長崎の山の魅力を広く伝えてかれこれ7年。長崎ケーブルメディアで絶賛放送中の「ヒロスケの長崎ぶらぶら山歩き」は、本誌企画の監修をつとめる山口広助さんの看板番組です。そこで、番組内で毎回同行しているキャスターの江藤真悠子さんとの対談が実現。お二人には、画面だけでは伝えきれない裏話や隠れエピソードをたっぷり語っていただきました。

タイトルの「ぶらぶら…」で
ハイキング感覚の番組かと

山口広助（以下・ヒロスケ）・おや？江藤さん、今日は汗をかいてないしメイクばっちり。

江藤真悠子（以下・江藤）・はい、私ちょっと反省してるんですよ。このごろの山歩きロケ、

江藤真悠子さん
長崎出身のキャスター。長崎ケーブルメディア「なんでんカフェ」でMCと映画コーナーなどを担当。「ヒロスケの長崎ぶらぶら山歩き」では山女子として2023年で7年目に突入しました。

「どうせ汗で落ちるからメイクしないでいいな」とサボってたんですけれど、最初の頃の映像を確認するとちゃんとメイクしていて可愛いんですよ。だから今日もしっかり…。それにしても改めて思ったのは、番組初回のころは、髪も三つ編みでほっぺもプリッ、脚もムチッとしていて、とても山歩き体形ではありませんでした。以来、師匠がスパルタなもので（笑）…だいぶ……。

ヒロスケ・鍛えられたんよだね（笑）

——そもそもこの番組は2016年から始まっています。どういう経緯で？
ヒロスケ・長崎ケーブルメディアの名物ディレクターに藤岡英嗣さんという方がおりまして。彼はトレイルランという山中を走って体を動かすのが大好きで、「長崎県内の名前の付いている山を全部登る番組をしましょう」と提案してきました。それはちょっと壮大すぎるけれど、長崎周辺の山から始めようかと。でも一人で黙々と登るのも面白くない。すると藤岡さんが「ちょうどうちの局に山登りが好きな女の子がいます！　彼女は普段から山登りしてるんですよ」って言うから…。
江藤・ええ〜！　それを聞いてびっくり、そんな話になっていたんですね。当時、たまたま旅先で熊野古道を少しだけ歩いて「自然の中を歩くのって楽しいな」と社内で写真を見せたりしていただけなんですよ本当に。ある時、藤岡ディレクターが「今度ちょっと山を歩く企画があるんだけど、江藤ちゃん行ってみない？」「あら、いいですね、最近ちょうど始めましたし」と。番組タイトルが「…ぶらぶら…」というから気軽なハイキングみたいな番組かしらと思っていたら、ふたを開けてみると、初回からいきなり

「七高山めぐり」。えっ？山一つ登るんじゃなくて？めぐるんですか？７つも？…と衝撃を受けました（笑）もうほんとに普通に疲れて、「1回停まっていいですか」「この下り怖くないですか」とか「まだ登るんですか」と、もうカメラを気にするどころじゃない。そんなロケが月1回ペース。ロケ＝トレーニング（笑）の日々が始まりました。

実はとっても面白い
長崎の身近な山々

ヒロスケ・山登りの番組って他局でもよくやっているでしょう。その中で、この番組のウリは、やはり長崎市周辺の山にこだわるということ。雲仙も多良岳も素晴らしいんだけど、遠くまで行かなくても、身近な長崎の山はこんなに豊かで魅力的なんだよということを伝えたい。

江藤・皆さんが日常的に良く知っている山、家の裏山でも、中がどうなっているか知らない。そこに入って「こんな山だったんだ」という新たな発見がありますよね。

ヒロスケ・そのうち、番組でご紹介したルートを後から歩いてSNSなどに上げてくれる方もだんだん増えて来ました。やっと長崎の山の面白さを分かってくれたか～というのが本音です。私の中には歴史を調べるヒロスケと、山登りをするヒロスケの2人がいて、歴史を調べるには街中だけでなく、場合によっては山の上まで行く必要がある。それには体力がいる。体力あってこそ歴史も調べられる、別の人格がそこでクロスする感じですね。例えば「山道の中にこの祠があるのは、ここが昔の人の修行の場だったから」と語れるのは、そこまで歩いてきつさを体感しているから。机上での勉強だけでは、どうしても話が薄っぺらくなっちゃうんですよ。

——歴史と山歩きは表裏一体なんですね。

知っているヒロスケさん
何も知らされない江藤さん

ヒロスケ・子ども時代、小学校から周りの山が

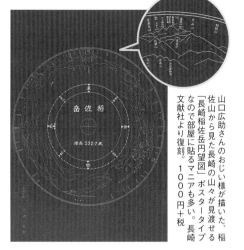

稲佐岳

標高 332.7米

山口広助さんのおじい様が描いた、稲佐山から見た長崎の山々が見渡せる「長崎稲佐岳円望図」ポスタータイプなので部屋に貼るマニアも多い。長崎文献社より復刻。1000円＋税

よく見えました。祖父が山登りが好きでの自作の山地図を形見に残してくれていたのですが、それをいつも見て登っていました。「これは行った、あっちも行った。でもあの辺りはまだ登ってないなぁ。見えている山全部登ろう！」。そんな小学生の時の感覚が、今でもときどきフラッシュバックします。それで、この形見の地図を「稲佐山遠望図（写真上）」として長崎文献社で復刻しました。あの世界が自分の基礎にあるんですよ。今は「この番組のおかげで登れ

山口広助さん

本書全体の監修も務める、歴史と山歩きの研究家。詳しいプロフィールは巻末
長崎ケーブルメディア「ヒロスケの長崎ぶらぶら山歩き」
YouTube 配信中
https://www.youtube.com/watch?v=3DWZpvJcUjw

小ヶ倉の大久保山。今回はご紹介していませんが、こんな岩山があるのですね〜。

るなぁ」と嬉しくて満足しています。頂に登ると、そこから見える「あの山に今度は登ろう」という連続性があることで、レギュラー番組としてもうまくつながっていきます。最初の3、4年はぐるぐる回っていたんだけど、近年は放射線状に進むようになりました。南側を全部攻めて、北東、北西、今は北に向かっているけれど、東側はまだ手付かずだから楽しみです。こういう山の在り方は長崎ならでは。佐賀や熊本ではできません。

江藤・コースはすべてヒロスケさんが提案し、私はひたすらついていくだけ。きつくてきつくて「もう一歩も足が出ない」と思うこともあるんですが、頂上を極めると、達成感というか「なんか案外登ってよかったな」って気持ちになります。でもやっぱり体力がないと厳しいので、普段から会社の帰り道、バスに乗るところを何駅分か歩いてみようとか、休みの日もぐうたらするより散歩に出かけようとか。歩く機会は相当増やしました。

ヒロスケ・私自身が昔からよく知っているコースなどは、下見をしなくてもイメージトレーニングができるので、スタートはここ、この辺で面白い景色を見せて、神社があって、泉があって、と起承転結の演出はしっかり押さえます。

でも彼女は「はい、今日はこの山を登ります」で始まって先が見えないプレッシャーを抱えたまま行くわけだから、大変だよ。あなたはえらい！

江藤・ありがとうございます〜。この先何があるのか、どのくらい体力を残しておけばいいのか、言ってみれば目隠し状態ですからね。でも基本的には自分の身の安全第一、もう番組的に面白いことが起きなくてもいいから（笑）と。あとになって「あー、ここは1回滑っておけばよかった！」なんて反省するんですけどね。でも実際にはよく転んでるんですよ。なぜそれが映像に残っていないかというと、カメラマンも一緒に転んでる（笑）

ヒロスケ・ちょっとかわいそうなんだけど、よく頑張っていると思いますよ。それにしても不思議なのは、けっこうな岩場とかすごく急な坂道でも、カメラで撮ると急な感じに見えない（笑）

江藤・あれは、歯がゆい！（笑）技術的に難しいのでしょうね。

ヒロスケ・まあ、回を重ねるごとに険しさが画面から伝わってくるようになりました。

「レ」の字が傾斜のバロメーター
いつの間にやらスイスイと

——かつては初心者だった江藤さんですが、番組始まって何回登りましたか？

江藤・放送が70回くらいで、岩屋山や稲佐山などは5回ずつくらい登っています。名前のついた山でいえば40カ所くらいです。なかでも、大久保山と立岩、権現岩などは「ここを踏み外すとまずい！」と身の危険を感じたことも何度かありました。でも、ヒロスケさんは「飛び下りればいいんだよ、飛べ飛べ！」って。いやあ、無理ムリムリ……。印象的だったのは天門峰。傾斜がものすごくきつくて、手で綱をたぐって登る場所なんですよ。のぼる足の角度がカタカナの「レ」の字になるほど。以降この「レ」の字は私にとって傾斜のバロメーターとなりました。それでも、5年後に再挑戦したら意外にスイスイと登ることができ、自分の成長に感動しました。

ヒロスケ・体が出来上がっているというより、山登りの感覚、手の抜き加減とか力の入れ加減が分かってきたんでしょうね。それこそスポーツと同じで、分からないと全身に力が入っちゃうから。体の緊張具合をコントロールできるようになれば、山に慣れたということでしょう。

——江藤さんのご家族はテレビを見て心配しませんか？

江藤・いつもロケから帰ると「今日もきつかった…」と脱力してるんですが、実際のオンエアは1カ月後で時差があります。「あの時、あんなところに行ってたの？大丈夫だったの？」と親には言われますが、毎回ケガもせず元気に帰って来るので、そのうち心配されなくなりましたね。逆に「長崎にあんな山があるんだ。それにしてもヒロスケさんはすごいね」と純粋に驚いて励ましてくれます。

下見では迷ったり遭遇したり
一人の登山は危険と隣り合わせ

ヒロスケ・同じ山の同じコースでも逆方向とい

うだけで眺めも難易度も違います。しかし回を重ねて「そういえば分岐点からこっちの道は行ったことないな」となれば、事前に一人で下見に行きます。場合によっては野生動物に遭遇したり、迷ったりして危険なこともありました。GPSが出てきたのもここ2、3年の話で、それまでは地図をじっと見ながら。岩屋山では迷って300mほどを登ったり下ったりを繰り返して、「ヒロスケ遭難」という新聞記事の見出しが頭に浮かんだりして…（笑）また、猪の罠に引っかかった時は「この罠が取れなかったら、俺、今日帰れないんだ…」と。

江藤・私はいつも思うのですが、そんなヒロスケさんの下見にカメラを付けてみたいです。ロケで登る時は当然スイスイ歩くんですよ。でもその端々で「この前は下見でこの道を下りた時に大変な目にあってね」と。私はそんなアクシデント話を「ふんふん」と聞きつつ、師匠がそんな目に遭っている場面を想像するしかない。

ヒロスケ・自然の世界に僕らが入って行くんだ、おじゃましまーすという心構えは常に必要ですよね。山の中で鹿とかに遭遇すると普通に日本語で話しかけちゃう。「はいはい、いいから行って行って」と（笑）

江藤・通じるんですか？

ヒロスケ・通じます（笑）本番の時はそれほど出会わないんですよ、二人でしゃべるから。人間の声は危険回避になる。ほら、熊よけに鈴を鳴らすのといっしょですね。でも一人で下見していると遭遇して、私も、猪もびっくり（笑）

江藤・7年間やっていて、ずいぶん山深いところも歩いたのですが、私が初めて野生の猪と対峙したのは、なんと立山の日昇館の裏でした！あんな住宅地で！と、とっても驚きました。意外な場所で出会うというのも番組の中の奇跡的な面白さになりました。

同じく大久保山。ダイヤランドからばっちり見えるそうで、この脅威のアングルもダイヤランドから撮影したのだそうです。長崎は面白い山が実に身近にありますね！

ヒロスケ・長崎はそれほど高い山はないものの、遭難の危険がないわけではないんですよ。特に冬場はすぐ暗くなるから、気持ちが焦って恐怖心が芽生えてくる。「迷ったら山頂へ行け」は山登りの鉄則。「あ！これは危ない」と思ったら、どんなに疲れていても、とにかく上に行こうと決心する勇気をもつこと。特に、一人で登る時はリスク管理と精神力が必要ですね。

――そういうこともあるから、ときどき番組の中で、迷いそうな道に道しるべカードをくくり付けているんですね。

ヒロスケ・アルプスや富士山などは大きな道や看板があって、いわゆるあれが日本の登山です。ところが低山って標識や道しるべがまったくなくて、右も左もわからないまま自分の勘と感覚で歩くので、意外にリスクが高いのです。だから下見に行って、自分が遭難しないように道しるべカードを付けることはあります。どこでも付けるわけではなくて、「絶対ここは迷う！」というポイントだけですね。その時は、事前にスタッフに相談してカードを用意してもらいます。みんなの安全にもつながるからね。やはりテレビに映るというのは他の方も登ることも多くなるだろうから、人助けになるだろうし。ただ、印を嫌う人もなかにはいるでしょうから、わかりにくいところだけね。

――下見でボツにすることもあるのでしょうか。

ヒロスケ・ありますよ。何の収穫も無くてただ山道だけが続いて山頂に行ったという自己満足で終わっては番組になりませんから。終日かけて歩いてボツにして「今日はいったい何をしたんだろう」という日も結構あります。逆に八郎岳だったっけ、「この道は面白いけれどハードすぎて番組的には無理かも」と自分がヘロヘロになった道もありました。

番組内で迷いそうなポイントに案内カードをくくりつける様子。

歩き方、靴、ファッション
山歩きのコツと注意点

——ところで近年は「山ガール」という言葉も定着して登山もぐっとカジュアルになってきました。江藤さんから見て、山歩きの楽しさを満喫するために気を付けておくことは？

江藤・そうですね、私は虫に刺されるのはすごく気を付けています。蚊とかアブとか。知らないうちに葉っぱにかぶれたりもするでしょう？最近は可愛いウェアもたくさん出ているし、腕まくりもしたくなるんですが、なるべく肌は出さない。あと、これは基本なんでしょうが、歩き方のコツがありますよね。どうしても最初は足で登らなくちゃと頑張るとすぐきつくなります。杖やストック、手や腕を使うとすごく楽に登れるようになりました。私は、最初の頃は自分で一眼レフのカメラで風景を撮ったりしていたのですが、もうだんだんそんな余裕がなくなって（笑）カメラ持つ手があるなら、まわりの木をつかみたい。そのほうがうまく進めることが分かってきました。逆に、下りが怖い。私は少し巻き爪で、下りの時はグサッと行きそうで恐怖とつま先の痛さとの闘いになります。それで、分厚めの靴下と、サイズが少し大きめの靴を履いて対策しています。やっぱり靴は大事ですね。

ヒロスケ・そうそう、靴は重要ですよ。安いのは買わない！

江藤・値段の差が出ちゃうんですよ。可愛さよりも柔らかさ。ワンランク上の靴を買いましょ。

ヒロスケ・それから女性の場合は「お花摘み」ができるかできないか（→P78 山ことば辞典参照）。お花摘みができない人は登れない。だから私が「ヒロスケさるく」などで案内するときは、必ずお手洗いのあるところしか連れて行かない。近年、ようやく岩屋山を案内できるようになりました。本格的に行きたい人は、それなりに覚悟が必要でしょうね。

江藤・ヒロスケさんは優しくて、ロケではいつもリュックからカステラとか桃まんじゅうを出してくださいます。

ヒロスケ・まあ、おやつですね。

江藤・それは私へのご褒美と、私が「もう無理です…」ってなった時を想定してくださっているのかなぁと。

ヒロスケ・あと、必ず水2リットルは持って行きます。ケガしたら洗わないといけないしね。

江藤・私なんかへらへら歩いてるだけなんですけど、ヒロスケさんは実はすごく備えてくださって……ありがたいです。

ヒロスケ・怖いから。だって死ぬんですよ、間違ったら。皆さんも山を甘くみないで、リスク管理はしっかりしましょうね。

江藤・備えあれば憂いなし、ですね。

八郎岳
エリア

八郎岳は長崎市内で最高峰の山で標高590.1mを誇ります（2番目は長浦岳560.8m）。八郎岳の由来は諸説あります。平安時代の武将で弓の名手であった源為朝（通称：鎮西八郎）に関する伝説から八郎岳と呼ばれるようになったという説。また、八郎岳から見下ろした山（現 兜岳）が兜の形をしていて、兜のハチに似ているところから接尾語の口と一緒になってハチロ、八郎岳になった説などがあります。中学生も登る山ですが、コースによっては難易度もぐっと上がります。

八郎岳山頂からは天気が良ければ雲仙普賢岳も望める

八郎岳山頂

コース **4** 落矢ダムコース ⇒P59

コース **6** 落矢ダムから兜岳との分岐コース ⇒P61

コース **2** 竿の浦コース ⇒P57

コース **1** 平山墓地正面コース ⇒P56

コース **3** 乙女峠コース ⇒P58

コース **5** 寺岳コース ⇒P60

野牛島 ・23

毛井首町

深堀町
(二)

平瀬町

鶴見台(二)

三和町

・148

草住町

・235

鶴見台(一)

末石町

・152

深堀町
四

柳田町

落矢ダム

・443

p282 兜岳

・468

至 北兜岳

土井首
中学校

p179

至 熊ケ峰

自転車専用道路

竿浦町

城山
△350.6

大山祇神社

八郎岳

▲八郎岳
590m

55

ほっともっと

平山墓地

平山農園

草住神社

小八郎岳

・564

至 千々

大川

松尾岳
△396.8

平山町

平山台
(二丁)

菅原神社

草墨神社

佐敷岳

乙女峠

特別支援学校

・151.4

布巻町

寺岳

・451.9

元宮公園

・132

椿が丘町

為石町

・94

・125

いすに 座って
ひと休みしたら
どがん？

平山墓地コースの道案内看板。ほっこり〜
地元の人が手作り看板を作ってます

⏱ 1時間20分	
🚶 2.2km	
↗ 590m	
★★☆☆☆	
一般向き	

平山墓地正面コース（片道）

コース **1**

コース概要 平山バス停（長崎バス）－5分－平山墓地発－5分－平山農園－15分－竿の浦分岐－40分－草住神社分岐－10分－八郎岳頂

ファミリーマート
自転車専用道路
ほっともっと
平山墓地
平山バス停
平山農園
八郎岳
▲八郎岳
草住神社
小八郎岳
至 千々
平山町
平山地蔵堂観音堂　大川
松尾岳
△296.9
平山台
乙女峠

平山地蔵堂観音堂

平山の八郎岳の登山口にお堂があります。地蔵尊像は天明4年（1784）建立、千手観音像は建立年不詳。ともに「三界萬霊」と刻された三界萬霊塔で、地域の安全や道中安全などの供養塔です。

平山墓地正面コースの登り口

猪見岳
ししみだけ

鶴見台団地の北側にそびえる山をカギ山、または猪見岳といいます。平安時代の武将：源為朝（通称：鎮西八郎）は、幼い頃より弓の名人といわれ、父のために京を追われ13才で豊後（大分県）にたどり着きます。九州の豪族を束ね自らを鎮西八郎為朝と名乗りましたが、保元の乱を経て琉球へ逃れる途中、この八郎岳に登ったといわれています。為朝は八郎岳の頂上よりふもとにいた猪を狙って弓を放ち、その猪が見えた場所が猪見岳、その矢が落ちたところが落矢という地名になりました。

迷いたくない初心者は
まずこのコースから

　長崎市で一番高い八郎岳（標高590m）なので、平山側や千々側などいくつかのコースがあります。中でも一番メジャーで多くの案内板があり迷子になりにくいのが、この「正面」コース。中学生もよく登ります。国道499号線沿い長崎バス平山バス停から八郎岳方向に5分歩くと自転車専用道路と交差します。そこに平山墓地があり、そこから登ります。ほぼ30分（ペースによっては40分）ほどで竿の浦分岐に着きます。そこから中間地点を過ぎると、ひと休みできるベンチがあるので適宜休憩もできます。それから30分ほどで草住神社分岐へ。さらに10分ほどで八郎岳山頂に到着します。頂上からは360度の展望が楽しめるので、自宅がある辺りや方向を探してみるのも一興でしょう。また、このコースを基本に、平山農園から直登して合流するコース3、大山祇神社から合流するコース2などもあり、万一の際のエスケープ（避難路）にも使えます。

八郎岳から鶴見台団地と猪見岳、その背後には香焼ドックという立体的な景観

創建は不明。古来より竿浦の氏神として親しまれています。大山祇神社は大山祇命を祭神とする神社で本社は愛媛県今治市大三島町宮浦。祭神は日本古来の神である大山積神で本来は山の神ですが、戦国時代に瀬戸内海を支配していた村上水軍が信仰したことから海上安全、海上守護の神ともなっています。

大山祇神社入口の鳥居を上る　本殿

竿の浦コース（片道）

コース 2

コース概要 長崎バス竿の浦バス停ー10分ー大山隅神社ー30分ー竿の浦分岐ー30分ー草住神社分岐ー10分ー八郎岳山頂

- 1時間10分
- 2.1km
- 590m
- ★★★☆☆
- **中級者向き**

大山祇神社で
安全祈願の
お参りをして、いざ！

土井首中学校
ナフコ
竿浦町
若竹丸
p179
自転車専用道路
大山祇神社
ファミリーマート
八郎岳 ▲
ほっともっと
平山バス停
平山墓地
平山農園
草住神社
平山町
大川
松尾岳
乙女峠

　竿の浦バス停横にあるすし店「若竹丸南長崎店」から山の方に向かって数分進むと、サイクリング道路と交差します。そこを突っ切ってさらに数分進むと大山祇神社に着きます。ここはぜひ、神社で手を合わせて安全登山を祈願して登ってはいかがでしょう。登山口には案内板が立てられており、そこがスタート地点となります。頂上までのおおまかな登山スピードの目安が書かれているので、参考になるかもしれません。ちなみに標準が70分程度で、50分以内となると「健脚」といえるかも！　スタートして30分程度で竿の浦分岐に着き、そこから先は、コース1と同じ道となります。

神社前の看板

乙女峠（千々峠）コース（片道）

- 🕐 1時間45分
- 🚶 2.1km
- ⬆ 590m
- ★★☆☆☆
- 一般向き

コース **3**

コース概要　平山バス停（長崎バス）－5分－平山墓地－5分－平山農園－10分－乙女峠登山口－40分－乙女峠－20分－小八郎岳－30分－八郎岳山頂

ハマボウ

春にはワラビ摘みも
お楽しみ

乙女峠への道

乙女峠から千々石湾。
ここからのみ東側の海が望める

　登り口はコース①と同じですが、平山農園を経由して乙女峠（千々峠）登山口へまわり、そこから登ります。登山口から20分ほどで、目立たない分岐に到着して一瞬迷いますが、どちらを通ってもOKです。一般的には左がお薦め（右は難路）で、ほどなくして視界がパッと開けて乙女峠に着きます。一帯は春になると蕨（ワラビ）が一面に芽吹くので、手摘みで収穫もできます。他の登山者のためにも採集はほどほどに。乙女峠は複数ルートの分岐であり、交差点なので四方に道がのびています。八郎岳に行くにはまず小八郎岳方面へ歩きましょう。20分ほどで案内板があります。右に登ると小八郎岳（ただし展望なし）、直進すれば巻道（迂回路）があり、ここは体力と気分次第で。どちらも20分ほどで同じ分岐に合流し、そこから30分ほどで八郎岳山頂に到着します。

58

🕐 1時間 40分
🚶 2.4km
↗ 590m

★★★★★

健脚上級者向き

コース
4

コース概要
土井首中学校バス停（長崎バス）－ 10 分－落矢ダム登山ロ－
30 分－「p179」－ 30 分－ 4 本の林道と交差－ 30 分－八郎
岳山頂

踏み跡も少なめ、ドキドキ冒険者ルート

　ダムあり、尾根あり、「ピーク」あり。迷いやすいので地図とコンパス、GPS付きアプリもあると安心です。まず土井首中学校バス停近くの交番を目印に、落矢ダムに向かいます。林道を 10 分ほど行き、ロープが垂れ下がっている箇所が登山口。登山口からロープを頼りに登ったら左方向へ進み、尾根に向かって 20 分ほど歩きます。すると、標高179m のピーク（p179 ともいう）に到着。ここから地図やコンパス、テープを頼りに八郎岳方向にひたすら登ります。登山アプリは GPS 機能もあり、

自分の現在地がわかるので便利です。30 分ほど険しい山道を進みながら交差する林道 4 本を突っ切っていくと山頂が見えてきます。ここまでくればいくつものアプローチや看板がありますから通りやすい道を行きましょう。

落矢ダムコースの登り口
ロープが目印

落矢ダムの滝口。ここから右へ

59

八郎岳より南の野母崎方面

同じく頂上から寺岳を望む

- ⏱ 2時間 30分
- 🚶 4.2km
- ↗ 590m
- ★★★★★
- 健脚上級者向き

八郎岳縦走「寺岳」コース（片道）

コース **5**

コース概要　元宮公園ー40分ー寺岳ー30分ー佐敷岳ー30分ー乙女峠ー30分ー小八郎岳ー20分ー八郎岳山頂

いくつもの山また山を越え、
絶景を楽しむ

　健脚の上級者が好むのがこの王道コース。寺岳～佐敷岳～乙女峠～小八郎岳～八郎岳、そして熊が峰へ進む、八郎岳縦走のルートです。本宮公園バス停から本宮公園経由で自転車専用道路に出て、道路を右に曲がりに10分ほどで登山口。そこからフェンス沿いに登り15分で石造りのひっそりした祠に出会います。林の中をひたすら45分ほど登ると利作岩が見えてきます。眼下に軍艦島、五島灘を眺めつつ、まずは寺岳（451m）の山頂に着きます。休憩後は歩きにくい下り道を注意しながら進み、佐敷岳へ。途中の展望所から、さきほどの寺岳を眺め稜線のアップダウンを越えながら佐敷岳山頂（502m）へ。ここを下ると分岐に出るので、乙女峠（千々峠）に向かい20分で峠に到着。ここからは半島の東側、橘湾や天草方面が眺められます。ここからはコース③と同じで小八郎岳経由で八郎岳へ。帰りは残り時間に合わせたコース取りで下山しましょう。

　ちなみに、寺岳や佐敷岳にはそれぞれ登山ルートがあり、寺岳中腹には草墨神社や炭焼き小屋跡なども点在するので、登山の醍醐味や歴史的な興味もかき立てられます。隣接する松尾岳に絡むルートもあり複雑ですが、知っておけばいざというときに役に立ちます。

八郎岳山頂の三角点（手前）

八郎岳山頂より高島を望む

視線をずっと右に移すと女神大橋が！

落矢ダムから兜岳との分岐コース（片道）

コース
6

コース概要　落矢ダム登山ロ－ 60分－林道－ 10分－八郎岳縦走路－20分－八郎岳

⏱ 1時間30分
🚶 2.9km
↗ 590m
★★★★★

健脚上級者向き

兜岳経由の北側から 八郎岳にアプローチ

　コース4の登山口から登り、落矢ダムから標高282mのピーク（p282ともいう）を経由して兜岳に登り、南北に続く八郎岳縦走路を通って八郎岳にアプローチするコース。落矢ダムから兜岳に登るには、ゲートが閉鎖されているのでコース④と同じくいったんロープを伝ってダムの方に出なければいけません。その後、炭焼き窯跡などを経由し、道なき道を這い上がるようにして、まず尾根筋に出ます。そこからは尾根を外さないように伝ってp282に至り、ロープに誘導されるように進めば兜岳に登ることができます。ここから八郎岳に登り、八郎岳縦走路にもつながります。このルートは、テープなどの目印や分岐がほとんどありません。難所を通るので、何回か八郎岳に挑んで慣れてきたらトライする方がよいでしょう。くれぐれもご注意を。

<ruby>草住町<rt>くさずみまち</rt></ruby>

町名の由来は小字名草住から。以前まではクとは窪地を意味し、スミは角地の意味がありそこから草住となったいわれていますが、山を越えた千々町には草積御前伝説があります。

山あるきがもっと楽しくなる!?
最強山グッズ！　推しの一品

（値段は全て税込です）

熊鈴単体で 2,980 円、ホイッスルとのセット 3,480 円

けもの避け、だけじゃない
消音機能付きの「熊鈴」

九州ではさすがに熊は出ませんが、山中でイノシシやシカに遭遇することは珍しくありません。それを回避するためには音が出るものを身に着けるのが有効。リュックなどにぶら下げやすい熊避けの鈴も進化しています。Mai route の熊鈴はカウベルのような心地いい響きで、街中などではワンタッチで消音出来るミュート機能付き。附属品として 3 種類の音を同時にならせるホイッスルが付いています。
Mai route https://www.mairoute.com/

resent!
この熊鈴を 10 名様、熊鈴＆ホイッスルセット 10 名様にプレゼント。（提供・mai route）

暑さに強くて手に付きにくい
「やまチョコ」

山あるきのエネルギー補給として定番のチョコレート。でも夏場は溶けちゃうから…と、あきらめていたら、こんな製品がありました。「やまチョコ」（大東カカオ）は暑さに強く＊て手に付きにくい仕様。塩レモン味ですっきり食べやすい一品です。チョコレートでは初めての日本災害食の認証も取っており、防災用の備えとしてもお勧めです。オープン価格。
大東カカオ https://www.daitocacao.com/

resent!
この「やまチョコ」を 20 名様にプレゼント。（提供・大東カカオ）

＊大東カカオ従来品との比較による

resent!

この「おにやんま君」と「あかねちゃん」を
セットで10名様にプレゼント。（提供・eikyu）

「おにやんま君」の姉妹品として
2023年に発売されたのが一回り小
さい赤とんぼの「あかねちゃん」。
こちらも安全ピンタイプで990円。
どちらも便利なトンボ型の専用プラ
ケースも発売。ドラッグストアなど
でも販売しています。

嘘のような本当の…
虫よけ「おにやんま君」

2016年に発売されて以来、TVでも話題の「お
にやんま君」は画期的な虫よけグッズ。ハエ、
蚊、アブ、ハチの天敵であるオニヤンマの姿
に恐れをなして、虫は本能的に避けるのだそ
うです。帽子や服に付けるだけ、殺虫剤も忌
避剤もいらないのが嬉しいですね。登山者だ
けでなく、アウトドアや釣り、ゴルフなどの
愛好家にも評判で、シリーズ累計販売100万
個も売れたというから、その効果は推して知
るべし。安全ピンタイプ。1,430円。
Eikyu https://oniyanmakun.eikyu-s.com/

蛇や虫の毒を吸い出す
「ポイズンリムーバー」

山で怖いのはヘビに噛まれたり、ハチやブヨ、
ムカデなどに刺されたりすること。下山して
医師の手当を受けるまでの応急措置として毒
を吸い出すのが、このポイズンリムーバー。
傷口によって大口径、小口径と取り替えられ、
ピストンレバーを引くと吸引作用で毒液や毒
針が吸い出されます。ただしなるべく早く、
2分以内に使用すること。山あるきのみなら
ず、日常的備えておくのも良策。1320円。
ミドリ安全 ☎ 0120 － 310 － 355

ドクターヘッセル インセクトポイズンリムーバー

山あるきの楽しみのひとつ、見つけた草花やキノコの写真を撮る

60代になり、本格的に週2回ペースで登る　陣川 光子さん

　春はシュンラン、キンラン、6月になるとイチヤクソウやコケイラン、夏はオニユリ、ヒオウギ、イワタバコ。9月になるとダンギクやオミナエシ。秋はリンドウやアキノキリンソウ、冬は椿や植物の結実など──山の楽しみのひとつが季節で変化する草花の発見です。

　「NHKの朝ドラ『らんまん』も、草花が次々に出てくるのでよく観ていました」という陣川光子さん。この本のグラビアをはじめ、随所に使われている山の草花は、この方の写真を使わせていただきました。長崎の登山愛好家で登山団体の一会員です。

「1年間で会の山行など合わせて70日ほど。週に2回ペースで登っています。山へは20代の頃から歩き始め、その後相当なブランクがあり、60代になって山の会に入会しました。軟弱な私にでも行ける日本アルプスなど諸先輩方に同行させていただくうちに、植物に造詣の深い方々が多く、山の楽しみ方も広がってきました。また、その会には高校時代の植物の先生もおられてお話を聴いたり、教えて頂くのが楽しみになりました」。

　どれもきれいな写真ですが、本格的な一眼レフを持って行くのでしょうか。

「いえ、スマホやデジカメで撮ります。登山の情報アプリに投稿しているのです。芸術的な花の写真は出来ないので遠景や周辺の景色にマッチした撮り方をするようにしています。足場の悪い岩場にある花などはゆっくりと立ち止まったり、下向きの花はスマホの自撮りで撮ったらいいよと教えて頂いたりもしました」。

　見頃が短いと言われる山の花。情報はどうやって？

「大体、登山道を歩いていて見ることもありますが、登山アプリの情報を見たり、インターネットや図鑑で調べたりしてその時期に会えたら『ラッキー♬』で、時には山友さんに尋ねたりすることもありましたが、今では自分で偶然に出会えることに喜びを見出しています」。

　お互い、顔も本名も知らない同士が「好き」でつながるネットワークが、いかにもSNSの時代ならでは。

花は盗るべからず、撮って楽しむべし

　花はあくまでその場で楽しむことを信条としている陣川さん。

「あたり前の事ですが、希少植物など絶滅危惧種がよく盗掘されていたという話を耳にします。また、動物等によってなくなることもあるようです。SNSで写真を挙げる時には撮影場所や登山道軌跡を公開しないようにしていますが、本来なら、珍しい花などは多くの方が見て楽しむためにも理解して欲しいですね」。

　そんな陣川さんの元気の素は、自身で手作りのピロシキ。登山日前に作り置き。

「パン生地はホームベーカリーで簡単に、具はひき肉、玉ねぎ、レーズン、春雨などをカレー粉などで味付けし、オーブンで焼きます。カリッとなるので、登山途中の雨模様などの時にはサクッと食事が出来ます」。

　これまで一番印象的だった植物との出会いは？

「キヌガサダケ（衣笠茸）でした。稲佐山の登山道でふと見ると林の中にポツンと白いキノコが生えていてびっくりしました。長崎にあるという記録を見た事がなかったので嬉しかったです。山友さんと跳びあがりました」。

　「年齢を重ねるごとに、有名な山や山頂を極めることにこだわらず、面白い登山道を発見したり、花や自然の写真を撮ったりしながら、いつまでも無理のない歩きをしたいと思っています」という陣川さん。山との上手な付き合い方、お手本にしたいですね。

「花は3つも4つもいっぺんに撮ろうとすると焦点がぼけたりするので、1つだけ狙うようにしています」と陣川さん。

恵の丘原爆ホーム

コース 1 恵の丘バス停〜
帆場岳〜西山台団地
⇒P68

恵の丘バス停

長崎純心大学

帆場岳

拝み石 ▲ 506m

天竺山

長崎市

権現山

西山台
ゴルフガーデン
現川峠

西山台

西山古道
分岐

コース 2 四つ峠ルート
⇒P70

中尾ダム

西山高部水源池

木場峠

カトリック墓地
上分岐

中尾峠

新日見トンネル

本河内高部水源池
西トンネル口バス停
日見トンネル
日見峠
芒塚IC

中尾峠をのぼる

帆場岳エリア

帆場岳から時津方面を望む

三つ山は三つの山から形成されているように思われがちですが実際は頂きが4つあり、ちょうど三菱のマークのように三方向に拡がっています。そのためどこから見ても三つ並んだ山に見えます。この三つ山の主峰（中央）を帆場岳（ホバダケ）といい、標高は506m。江戸時代、長崎港に来航するオランダ船や唐船はこの山を帆の目印とし、そこから帆場岳となったといわれています。江戸時代後期に書かれた長崎名勝図会によると、三ツ山のことを黎峰（クロヤマ）、玄山（クロヤマ）または落猿峰（サルオトシヤマ）と呼び、かなり険しい山と紹介してあります。

トベラ

スミレ

恵の丘〜帆場岳〜西山台団地

⏱ 3時間
🚶 5.7km
↗ 506m
★★☆☆☆
一般向き

コース 1

コース概要　恵の丘バス停（長崎バス）ー28分ー登山口へ移動ー6分ー純心大学分岐ー10分ー林道出合ー25分ー東峰~10分ー帆場岳ー5分ー拝み岩ー5分ー山頂からー30分ー権現山ー5分ー現川峠ー10分ー西山古道ー50分ー西山台団地

拝み石。左右2つのとんがった石の間から、冬ならば長崎港が望めるのだが、夏はご覧の通り。冬がお薦め。

拝み石

禁教令下、木場に住むキリシタンの方々が、長崎港に入港する外国船に向かって手を合わせて祈りをささげたとされる石。

68

禁教下の潜伏キリシタンも拝んだ岩もあり

　恵の丘バス停から出発です。まずはバス駐車場脇の階段を下り、車道に出ます。そこから右に曲がり5分程歩くと左手に鉄塔があります。この鉄塔脇の山道は畦別当町の前岳方面につながります。今回は、鉄塔前車道横にある白い手すりの階段からスタートです。最初から急な登りの尾根道が続きます。6分ほどで純心大学分岐、そこから10分程で林道へ。そこからほぼ一本道の急な登りをぐいぐい上がり、20分程で東峰（P494）に到着します。ここからは登ったり下ったりのアップダウンを経て帆場岳頂上に着きます。山頂には、鉄塔。これは遠くから見ても帆場岳と確認できる目印です。山頂からは長崎港、網場湾、大村湾、その海の手前と向こう側に山々を望むことができます。せっかくなので山頂そばのポイントへ。登って来たのと逆の道を5分程下ると拝み岩があります

　復路は、山頂経由で現川峠方面へ進みます。整備された丸太の階段などを下りつつ、途中左側には、春には美しい花を咲かせる山桜の大木もあります。現川峠手前左側には

帆場岳山頂

帆場岳から長崎市内を望む。金比羅山や峰火山越しの長崎港がキラリ☆

恵の丘原爆ホーム

恵の丘バス停

長崎純心大学

虚空菩薩

西峰　　帆場岳　　東峰

拝み石

帆場岳

桜前岳

権現山

西山台　　現川峠

峠の坂バス停　ゴルフガーデン

西山台

西山古道
分岐

権現山と呼ばれる小高い丘があり、ここは眺望もいいので休憩にぴったり。現川峠から階段を上がり一山超えて、右側に進むと、西山古道の始まりです。車道に沿った山道を進むと、途中、右手に西山台ゴルフガーデンがあり、古道には場外に飛ばされたゴルフボールが転がっています。さらに進むと左手に仁田木場分岐があるので間違わないように歩きましょう。竹林を抜け、階段道を下ると西山台団地三叉路に出てゴール。ここからは三つ山口バス停（県営バス）もあります。

西山古道。途中がゴミだらけなのが残念！

⏱	4時間45分
🚶	9.2km
↗	506m

★★★★☆

健脚中級者向き

四つ峠コース

コース
2

コース概要

西口トンネル口バス停ー25分ー日見峠ー70分ー中尾峠ー20分ー木場峠ー35分ー西山古道分岐ー5分ー現川峠ー40分ー帆場岳山頂ー10分ーP494(東峰)ー40分ー純心大学ー5分ー恵の丘バス停

三ツ山四つ峠

三ツ山四つ峠とは長崎市街地の東北にそびえる帆場岳を中心とする三つの山（実際は四つの山）と、そこに東側からつながる四つ峠のことをいい、四つ峠とは日見峠、中尾峠、木場峠、現川峠（西山峠）をいいます。日見峠は本河内（高野平）から芒塚日見方面、中尾峠は本河内（奥山）から中尾矢上方面、木場峠は西山木場から中尾矢上方面、現川峠は西山三川から現川方面へとそれぞれを結ぶ交通の要所で、日見峠を除き主に農家が農作物を運ぶために利用していた道でした。

日見峠へ向かう登り口

日見峠。いにしえ感漂う

長崎街道日見峠を越えつつ 江戸時代気分で

スタートは日見トンネル口の西口バス停から長崎街道日見峠までの急坂の始まり。先人も行き交った長崎街道日見峠の標柱を見ながら、そばにある地震神社に手を合わせ登山の無事を祈り、日見トンネルを越えて中尾峠へ向かいましょう。コース名の「四つ峠」とは、江戸時代、の長崎街道をいく（長崎に入る、あるいは出る）ためには４つの峠のいずれかを越さなければならなかったことから。このコースはその４つの峠を全部踏破します。日見峠からなだらかなアップダウンの中を進むと、中尾峠に到達します。ここからは東長崎の市街や、矢上普賢岳、遠く雲仙普賢岳が望むことができます。小休止したら尾根道を進み20分程で３つ目の木場峠へ。ここからは烽火山へ行く分岐がありますが、そのまま帆場岳へと向かう道を選びます。峠にある普賢神社の横を通り、木場普賢山（362m）へ。さらに車道と並行しながら尾根道を進み、車道から尾根道への道を地図で確認しながら進むと西山古道へ。古道を横切り進むと、４番目の峠、現川峠に出ます。道は二手に分かれますがどちらの道も先で合流します。ここでは右の登りに向かい、権現山をまわりこんで、帆場岳山頂に向かいます。山頂直下のやや急な道を登ると、帆場岳山頂に到着。山頂でのんびり過ごし、東峰経由で「恵の丘」バス停へ向かいましょう。

中尾峠。遠くに見えるのは矢上普賢岳

木場峠の普賢神社

恵の丘バス停●

長崎純心大学●

●虚空菩薩

帆場岳
●西峰　▲　●東峰

拝み石●

帆場岳

●桜前岳

●権現山

西山台
ゴルフガーデン●　●現川峠

西山古道
分岐

●クサリ

ホコラ●　●

●木場峠

●カトリック墓地

カトリック墓地
上分岐●

●中尾峠

熔火山

新日見トンネル●

本河内高部水源池●

西トンネル口バス停●　●日見トンネル

日見峠●

西山古道

日見トンネルがある日見峠から三ツ山へ続く尾根を「三ツ山四つ峠」などといいますが、ここには一本通った尾根道があります。昔の脇街道的役割の道で人が両手を開いた幅「一間」近い場所もあります。歩いてみると長与方面から続いています。江戸時代の物流路つまり農家のみなさんが長崎に卸す際の近道だったと考えられます。

現川峠

可憐なナツツバキ（7月）

みさき道エリア

蚊焼のみさき道入口

観音寺の天井絵。
ご住職にひと声かけて見学を。

高島

軍艦島（端島）

権現山●

この道は広馬場から十人町−大浦石橋−出雲
−上戸町−竿浦−為石と進み、野母崎脇岬
にある観音寺（御崎観音）に至るコースで、
観音信仰者のための参詣道でした。当時は1
日で往復していたといいます。一方、御崎道
は別の使い方があって、貞享2年（1685）、
年間貿易額を定めた定高貿易法により追い返
された唐船が長崎港外の野母の港に立ち寄
り、野母で抜荷商人と取引（密貿易）を行い
利益を上げていたといいます。今も残る道標
をたどりつつ歩ける「みさき道」は限られて
いるので、途中は車道や近くの山道を利用し
ながら歩きます。今回は体力と相談し、バス
を上手に使いながら逆ルートで歩いてみよう
というコース設定を2本ご紹介します。

湊公園

十人町

石橋電停

三本松

女神大橋

コース
2
蚊焼〜善長谷〜深堀〜
十人町コース
⇒P76

伊王島

ダイヤランド

戸町岳

熊ケ峰

城山

八郎岳

蚊焼バス停

寺岳

秋葉山

大池

みさき道

ゴルフ場で
途切れています。

二ノ岳

殿隠山

コース
1
遠見山〜殿隠山〜
みさき道〜蚊焼コース
⇒P74

遠見山

観音寺

観音寺前バス停

樺島

新小ヶ倉藩境

🕐 6時間4分	
🚶 15.4km	
➚ 263m	
★★★★☆	
健脚中級者向け	

遠見山～殿隠山～みさき道～蚊焼コース

コース **1**

コース概要 観音寺前バス停（長崎バス）－15分－金刀比羅神社－50分－遠見山－50分－殿隠山－50分－サイクリング道終点－60分－徳道－25分－みさき道経由－10分－黒岳－60分－秋葉山－40分－蚊焼バス停（長崎バス）

長崎から出る6つの道

江戸時代、長崎から市外へ出るには6カ所のコースがあって、①東泊口（戸町－深堀－野母へ）②茂木口（田上－茂木－天草－熊本・鹿児島へ）③馬籠口（浦上街道）④西山口（西山－川平－本川内－伊木力－大村へ）⑤日見嶺口（長崎街道）⑥頴林口（伊良林－飯香浦－小浜へ）のうち、野母や脇岬の観音寺に至るコースを御崎道・観音寺道と呼び、特に戸町付近を東泊口（トウハクグチ）とも呼びます。

観音寺

野母崎町脇岬の北にある殿隠山の山すそにある観音寺は、和銅2年（709）菩薩開祖の曹洞宗の寺。平安時代末期に創建された古い寺院の跡に建立されました。ご本尊は「みさきの観音」と呼ばれる十一面千手千眼観音立像で、これも行基作とされ、国の重要文化財に指定されています。表門は眼鏡橋と同じ技術で作られており、本堂の天井絵（格天井）は石崎融思、川原慶賀などの手によるものです。多くの参拝者が訪れることから、この観音様に参る道をみさき道と呼ぶようになりました。

観音寺の石の門をここをくぐり、トイレのある境内から右へ行くと登り口あり

一番の見どころを制覇し、そこから逆走する

「みさき道」といえば十人町の階段道からひたすら野母半島を南下して観音寺にお参りする道。全長28km（7里）と1日では厳しい行程です。そこで、今回は趣向を変えて最初に観音寺にお参りし、そこから長崎市街地方向に北上する逆ルートを前後編でご紹介しましょう。まずは最南端から蚊焼まで。脇岬の観音寺そばに金比羅神社があり、その階段から登山道に入っていきます。急な登りをゆっくりペースで遠見山山頂までがんばって。頂からは野母崎樺島を眼下に望むことができます。そこから殿隠山へは少し分かりにくいのですが、踏み跡確認しながら、なだらかな道を進むと殿隠山へ到着（ここまで行って観音寺に引き返す初心者コースもあり）。ここからも踏み跡に注意しながら林道へ。右へ入りモトクロス場に平行しながら進んでいくと、程なく車道に出ます。ここを進むとサイクリング道終点に到着。ここにはトイレもあり、休憩できます。1時間ほどサイクリング道を歩き、徳道道塚を経て軍艦島を望みながら進むと、ここでようやく、みさき道の古い道標（道塚）に出会います。右に進むとサイクリング道から山道への分岐に出会う。黒岳方面へ登れば、そこから先がみさき道。往時はこの道を7里28km、観音寺まで参詣していました。当時は整備されていたそうですが、今は山道そのもの。けもの除けの爆音を聞きつつ、黒岳と秋葉山を通過して1時間半ほどで再びみさき道標識発見。ここで舗装道に出て、そこを横切ると蚊焼町に出ます。

観音寺からの登山口

金比羅神社から殿隠山へ

写真2枚の道標柱は同じもの。南側の面には「御崎より二里」、東側の面には「長崎より五里」と彫り込まれている

蚊焼バス停

秋葉山

長崎市

黒岳

山道へ入る

「長崎より五里」の道塚

ここから軍艦島が見える

大池

二ノ岳

サイクリング道路

殿隠山

林道　モトクロス場

遠見山

観音寺

観音寺前バス停

脇岬

けもの避けの爆音

長崎の山はさすがに熊は出ませんが、イノシシやシカなどの獣害は問題となっています。そこで、けもの避けの音を出す装置が時折山の中の畑などに設置されています。音だけならばいいのですが、ときおり罠などもあるので、山中を歩く時はご用心。

蚊焼〜善長谷〜深堀〜十人町コース

6時間（片道）
16km

★★★☆☆
中級者向け

コース 2

コース概要

蚊焼バス停スタートー15分ー晴海台町ー15分ー平山台ー30分ー車道ー善長谷教会ー60分ー深堀藩武家屋敷跡ー15分ー深堀町ー国道499号ー30分ー互助之川（鹿尾川）ー30分ー小ヶ倉町ー30分ー小ヶ倉1丁目（大村藩佐賀藩境界標）ー70分ー山道経由ー二本松神社ー22分ー石橋ー20分ー活水大学上ー15分ー十人町みさき道塚〜5分〜湊公園

御崎道の碑

御崎道の碑は文政6年（1823）に今魚町（現 魚の町：魚市橋西側通り）の住人によって建立されたもので、長崎から野母崎の脇岬：観音寺までの7里（約28キロメートル）に道標として作られました。石碑は全部で50本設置されたといわれていますが、現在、確認できるものは十人町入口のものや観音寺境内のものを含め8本といわれています。十人町のものは風化して文字が読めませんが、碑には「みさ起みち　今魚町　文政六年」と刻されています。

蚊焼にある道標柱

うめがさきとおみばんしょあと
梅香崎遠見番所跡

遠見番は外国船来航をいち早く発見のために設けられた番所で、寛永15年（1638）に松平信綱によって野母の権現山に置かれたのが最初となります。その後、万治2年（1659）梅香崎、小瀬戸、玉園町の観善寺境内にも置かれ、権現山の番所で外国船を発見すると番所の水主によって長崎奉行所に報告することになっていましたが、後に時間短縮のため各番所間で鏡などを使った合図が決められ、小瀬戸→梅香崎→観善寺→長崎奉行所という流れで報告されていました。なお、観善寺番所は元禄元年（1688）永昌寺に移転し永昌寺番所となります。

深堀の恵比寿様

深堀武家屋敷

いにしえの道標を
見つけながらの道行き

　コース2は蚊焼から長崎市街地までのコース。コース1が山歩き中心のハードな行程なのに比べ、比較的歩きやすく歴史散歩の味わいがあります。歩き終えたら繁華街で打ち上げビールを楽しみにしてみるのも一興では？　スタートは蚊焼バス停。ここから晴海台団地、平山台団地の丘を通り善長谷集落へ。潜伏キリシタンが移り住んだといわれる善長谷教会から望む西海の眺望は圧巻。ここから深堀に入ると城下町の面影が残り武家屋敷と街角の恵比寿様が見どころあり。深堀からは国道499号線沿いに小ヶ倉へ。上戸町に入るとみさき道を示す道標に出会えます。その先には弁慶岩と祠ひっそりと佇み、道幅1.2mほどの山道は、苔むした階段が古道の雰囲気を醸し出しています。道は峠を越え、上戸町の二木松神社へと続き、出雲町から石橋まで降りてきます。孔子廟の裏にある急な方のオランダ坂を最後にもうひとがんばり、活水大学の上を通りながら十人町へ。この石段を下っていくと唐人屋敷の入口にみさき道道塚があります。その先の湊公園がゴール。銅座も新地も目と鼻の先です。

（参考：『旅する長崎21　歴史の道Ⅳ　長崎街道・脇往還ウォーキング』（長崎文献社）

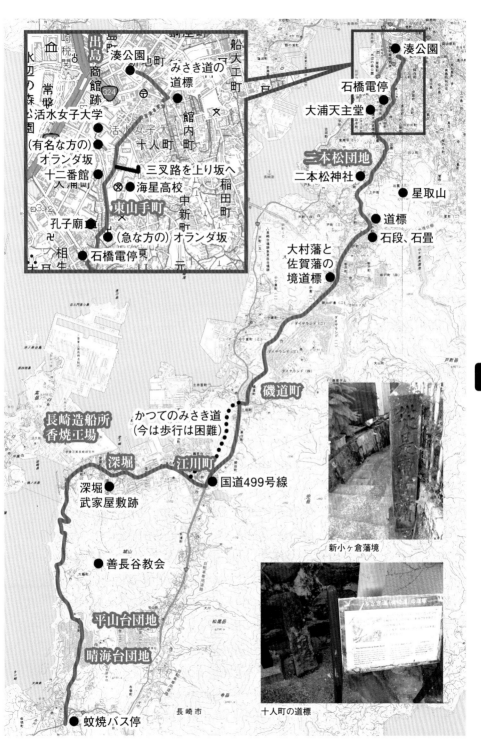

出島商館跡
活水女子大学
(有名な方の)
オランダ坂
十二番館
孔子廟
石橋電停
湊公園
みさき道の道標
館内町
十人町
三叉路を上り坂へ
海星高校
東山手町
(急な方の)オランダ坂
中新町
稲田町

湊公園
石橋電停
大浦天主堂
二本松団地
二本松神社
星取山
道標
石段、石畳
大村藩と佐賀藩の境道標

磯道町
かつてのみさき道
(今は歩行は困難)
深堀
江川町
国道499号線

長崎造船所香焼工場
深堀武家屋敷跡
善長谷教会
平山台団地
晴海台団地
蚊焼バス停

新小ヶ倉藩境

十人町の道標

77

知って使って身を守ろう
山ことば辞典

初心者バージョン

【あ】行

アイゼン 凍った道や雪道を歩く時用に靴底に装着する金属の爪のこと。

アウター 山歩きの際に着る服の中で、一番外側に着る服。防水性、防風性を持つものが適している。

鞍部（あんぶ） まさに馬の背の鞍のように尾根で少しへこんだ場所。東西南北の道を通しやすいので十字路になりやすい。コルともいう。

エスケープルート ルートの途中から下山するる別のルート。登山中のアクシデントや悪天候に見舞われた時に利用する。

尾根（おね） 山で最も高いところの連なりを指す。稜線（りょうせん）ともいう。

お花摘み（おはなつみ） 山で用を足すことで、特に女性が使う。ちなみに、男性ならば「雉撃ち（きじうち）」ともいう。

【か】行

ガス 霧の俗語。

ガレ場（がれば） 斜面を大小の岩が覆っているような場所。崩壊して崩れやすいので注意が必要。

急登（きゅうとう） 急な登り坂、斜面。

くさり場（くさりば） 岩場を通る登山者のために鎖（ロープ）を固定して張ったり垂らしたりしている場所。しかしながら頼りすぎるのは危険。体を寄せるなどの補助的に使う。

ゲイター ボトムと登山靴の隙間をかぶせるようにして履く装備品。水や雪、砂などが入らないように足首を守るため。スパッツとも呼ばれる。

八郎岳に至る寺岳〜桟敷岳縦走コースの様子

行動食（こうどうしょく）　歩きながらでも栄養補給できる食糧。食べやすく高カロリーなものが好まれる。例えばチョコレートやカロリーメイト等のプロテインバー。

〇合目（〇ごうめ）　頂上までの道のりを10に分けた区切り。しかし均等に等分されているところばかりではなく難易度を加味したり、わかりやすい目印をそう呼んだりすることもあり。ちなみに合目の決め方は、登りながら米をまいていき、ちょうど1合分なくなったところを決めたとか、提灯の油がちょうど1合無くなったところを決めたなどの諸説がある。

コンディショニング飲料

登山やスポーツには水分補給が大切ですが、水よりお薦めなのがコンディショニング飲料。電解質バランスが良い飲料は体に必要な水分量をスムーズに補給できます。

近年注目されているのが大塚製薬のボディメンテ。体液の組成に近いこだわりの電解質バランスで体の水分量をキープでき、体を守る大塚製薬独自の乳酸菌B240を配合しています。すっきり飲みやすいグリーンシトラス風味で、カロリー控えめ、アレルゲンフリー。山あるき時はもちろん、スポーツや旅行など、体をバリアしてベストな体調管理に役立ちます。ドリンク（500ml 154円（税抜））とゼリー（100g 300円（税抜））タイプあり。

resent!
このボディメンテのドリンクとゼリーのセット（2000円相当）を10名様にプレゼント。（提供・大塚製薬）応募方法はP63

八郎岳山頂より橘湾を望む

コンパス　方位磁石のこと。紙の地図とセットで使い、現在地や進行方向を調べられる。

【さ】行

ザレ場（ざれば）「ガレ場」より細かい粒が斜面を覆っているところ。がけ崩れの場であることが多い。

三角点（さんかくてん）山頂にある標石のこと。三角測量の基準点で、見晴らしのいい山に設置されている。（P●参照）すべての山に設置されているわけではないが、頂上に登って三角点に触らないと、何かを忘れたような気分に。

縦走（じゅうそう）続いている複数の山を尾根伝いに歩くこと。

シェラカップ　お湯を沸かしたり、お茶を飲むための容器。取っ手がついた広口の台形型。軽量目盛りのついた調理に最適なものもある。

長崎大学水産学部3年 仲 信成さん撮影（左右どちらも）

ストーブ 携帯用コンロのこと。これで沸かしたお湯で飲むコーヒーやインスタントラーメンのなんと美味しいことでしょう。

【た・な】行

てん場（てんば） テントを設営することができる場所。テント場。

登山届（とざんとどけ） 登山の日程、目的地、コース、メンバー、緊急連絡先などを記した届で、管轄の自治体に提出し、捜索時に利用される。近年は自治体のHPや登山口のポストで受け付けてくれるところもある。

トレイルラン　トレイル（林道、登山道などの未舗装道）を走るアウトドアスポーツ。

トレッキングポール 山登り用の杖。基本2本1セットで、ベルト付き、ステッキのようなT型などあり。これを使うと脚の負担が軽くなる。ストックともいう。

日本百名山（にほんひゃくめいさん） 文筆家深田久弥が登り、日本各地の山から選んだ100の山。九州では久重山、祖母山、阿蘇山、霧島山、開聞岳、宮之浦岳。残念ながら長崎の山は入っていないが、これが「二百名山」になるとようやく雲仙岳が入り、「三百名山」で多良岳が入る。

にっぽん百低山（にっぽんひゃくていさん） NHK総合で放送されている人気の山番組。「山高きが故に尊からず」というわけで、酒場詩人吉田類さんが、全国の低山を紹介する。同行する女性と、毎回最後にその地域のうまい酒を酌み交わし、地元名物をつつくエンディングが秀逸。書籍も発行されている。

【は】行

ピーク 山頂。あるいは山のとがっている部分のこと。標高（例えば227mとすると）を後ろに付けて「ピーク227」とも。「頂上だと思ったら違った」のは「にせピーク」。

ピークハンター とにかく頂上を目指し、頂上を制覇することを第一目的とする人々のこと。途中のプロセスや景観、植物のウォッチングは二の次、百名山を踏破することをライフワークにする人もいる。

ピストン　往復登山。同一コースで山頂などを往復する登山形式。逆にぐるーっとまわって歩くことを「周回（しゅうかい）」という。

巻き道（まきみち）　頂上までいかず、山腹を横切ったり迂回する道のこと。分岐点の看板によく書かれている。

ビバーク　事故や遭難などの緊急事態に山中で一晩すごすこと。暗くなってしまうと無理な行動をするのは危険。雨風がしのげる場所があったらそこで持っている服を全部着込んで一夜を明かす。こんなときのために、防災グッズなどでもおなじみのアルミシート（エマージェンシーシート）は持っておきたい。

長崎ケーブルメディア「ヒロスケぶらぶら長崎山歩き」提供

【や】行

薮漕ぎ（やぶこぎ）　雑草や低木などをかき分けながら進むこと。水の中を漕ぐように薮を進むことから。

山小屋（やまごや）　登山者の休憩や宿泊、あるいは緊急避難のために作られた建物。管理人のいる有人小屋と無人小屋がある。ハイシーズンになると、一フロアに男女関係なく何人もぎゅうぎゅうで寝ることになる。ドイツ語でヒュッテ、英語でハット。ちなみに「リンガーハット」のハットは「hut」で小屋のこと。帽子「hat」ではない。

ヤマップ　登山アプリの一つで、一番人気。無料と有料のものあり。新たな情報が加わってどんどん進化している。

コース提案と実測：長崎フレンズ山の会

2011年発足、結成12年になる登山グループ。「山あるきが大好き」という共通認識を持ち、自然を楽しむ大勢の仲間とともにスタート。グループ名は「多くの人と友情をはぐくみ、山を楽しむ」ことから。長崎の山を中心に、九州一円、たまに本州まで遠征することもあり。現在会員49名。

監修：山口広助（やまぐちひろすけ）

長崎の歴史風俗の研究家としてまち歩きガイドとしても活躍中。長崎ケーブルメディアでは「長崎ぶらぶら好き」「ヒロスケの長崎歴史散歩」といった歴史番組のほか、2016年より「ヒロスケの長崎ぶらぶら山歩き」で長崎の低山の魅力を発信してきた。ncc長崎文化放送やKTNテレビ長崎でもレギュラー番組を持つ売れっ子でありながら、小学校などのゲストティーチャーや講演活動も積極的に引き受け、長崎の魅力を幅広く伝えている。

協力：長崎ケーブルメディア

9P・14P・15P・16P・17P・18P・19P・20P・21P・22P・23P・24P・27P・29P・32P・33P・38P・39P・42P・44P・45P・54P・55P・56P・57P・58P・59P・60P・61P・66P・67P・69P・71P・72P・73P・75P・77Pで使用しております
地図は電子地形図25000（国土地理院）を加工して作成

Nagasaki Heritage Guide Map
長崎游学16

ヒロスケ長崎 山あるき

発行日	初版　2023年12月30日
編著者	長崎文献社編集部
発行人	片山 仁志
編集人	川良 真理
発行所	**株式会社 長崎文献社** 〒850-0057長崎市大黒町3-1　長崎交通産業ビル5階 ℡095-823-5247　Fax.095-823-5252 ホームページ:https://www.e-bunken.com
印刷	株式会社 インテックス

本書をお読みになったご意見・ご感想をお寄せください。

Ambition
志を。

Dream
夢を。

Appreciate
感謝を。

Connect
繋がりを。

Happy
喜びを。

Innovation
革新を。

海へ、空へ、社会へ。

安達株式会社

安達株式会社

ボクらが暮らす
ミライを創る

水と電気で社会を豊かにする会社

KE 協和機電工業株式会社

https://www.kyowa-kk.co.jp

長崎の人々と、長崎の未来をつくる。

AMU
NAGASAKI

株式会社JR長崎シティ